월급쟁이지만
부자처럼
　　　관리합니다

전하정 지음

월급쟁이지만 부자처럼 관리합니다

통장 하나 있으면서 돈을 모으고 있다고 생각하는 당신에게

돈 때문에 꿈을 미루지 않는 삶을 위해

최병문(한국재무설계 대표)

돈 관리의 필요성을 느끼지만 막상 시작하려고 하면 막연한 어려움이 앞섭니다. 돈이 좀처럼 모이지 않는 현실 앞에서 '내가 의지가 부족한 걸까?' 자책하기도 하지요. 이 책이 특별한 이유는 바로 이러한 생각의 방향을 완전히 바꿔 준다는 데 있습니다.

저자는 돈 관리의 실패를 개인의 '의지력 부족' 탓으로 돌리지 않습니다. 대신 돈이 자연스럽게 모이도록 돕는 '구조와 시스템'을 만들어야 한다고 말합니다. 매 순간 애쓰는 것이 아니라, 그냥 살아도 돈이 모이도록 환경을 설계하는 것입니다. 돈이 자동으로 모이는 돈 관리 시스템이라니, 놀랍지 않나요?

이 책은 화려한 재테크 비법이나 단기간의 고수익 전략을 내세우지 않습니다. 오히려 복잡함을 걷어내고, 단순하지만 실천 가능한 방법에 집중합니다. 누구나 지금 당장 적용할 수 있으며, 생활 습관처럼 자연스럽게 이어갈 수 있는 현실적인 조언들입니다. 결국 재테크의 핵심은 눈에 띄는 기술이 아니라, 흔들리지 않는 기초를 얼마나 단단하게 세우느냐에 있다는 사실을 다시금 깨닫게 합니다.

이 책을 통해 저자가 전달하고자 하는 메시지는 단순히 자산을 불리는 차원을 넘어섭니다. 돈 관리는 내가 원하는 삶의 방향을 지키고, 선택의 자유를 확보하는 과정입니다. 돈 때문에 하고 싶은 꿈을 미루거나 포기하지 않아도 되는 삶. 타인의 성공 사례가 아닌 '나 자신의 이야기'로 완성되는 삶. 이 책은 이러한 삶을 가능하게 하는 견고한 기반이자, 앞으로 나아갈 방향을 제시하는 든든한 이정표가 되어 줄 겁니다.

이 책은 읽고 덮는 책이 아니라, 읽는 즉시 행동으로 이어지는 책입니다

박진영(경제뉴스레터 어피티 대표)

재테크 책이라고 하면 흔히 두 부류로 나뉩니다. '무조건 아끼자'라는 짠테크식 경험담이거나, 투자 고수들의 전략이 빼곡한 이론서죠. 그래서 "이제부터 재테크를 시작해야지" 하고 결심해도 실제로 참고할 수 있는 구체적인 방법론을 찾는 일이 쉽지 않습니다.

인생의 대부분 일에는 시작과 끝이 있지만, 재테크에는 명확한 종착점이 없습니다. 그래서 늘 확실한 기준과 로드맵을 제시해 줄 무언가가 필요하다고 생각해 왔어요. 이 책은 그 해답을 보여줍니다.

이 책은 여느 재테크서와 결이 다릅니다. 단순히 '돈을 모으고, 잘 쓰고, 투자해서 불려라'라는 조언에 머물지 않아요. 돈을 모을 때 대출금을 먼저 갚는 게 좋은지, 비상금을 먼저 모으는 게 좋은지, 투자를 먼저 해도 좋은지를 이야기합니다. 무엇부터 시작해야 하는지, 그다음에는 무엇을 해야 하는지, 누구나 궁금해하지만 정작 누구도 명확히 짚어주지 않았던 '순서'의 문제를 차근히 설명합니다. 복잡하게 느껴지던 재테크의 퍼즐을 순서대로 맞춰가며 '돈이 모이는 구조'를 직접 만들 수 있도록 말이에요.

따라서 돈을 둘러싼 불안을 안고 있는 모든 분에게 이 책을 권하고 싶습니다. 각자의 상황이 달라도 누구든 시작할 수 있고 누구에게나 도움이 될 만한 길잡이가 되어 줄 거예요.

이 책은 덮는 순간 끝나는 책이 아니라, 생활 속에서 바로 실천으로 이어지도록 설계된 책입니다. 따라서 처음에는 빠르게 훑어 재테크의 큰 그림을 머릿속에 잡고, 이후 다시 차분히 정독하며 실천에 옮기는 방식으로 읽기를 권합니다. 예를 들어, 처음 읽을 때는 '통장 쪼개기'나 '생활비 최적화' 같은 전략이 있다는 사실만 이해하고 넘어간 다음, 다시 읽으면서 5통장 시스템을 설계하고 현금흐름표를 작성하는 겁니다.

이 과정을 따라가다 보면, 책을 펼친 순간부터 이미 변화가 시작되었다는 사실을 느끼게 될 거예요. 오늘 시작한 작은 실천들이 3년, 5년 뒤의 삶을 크게 바꿔 놓을 수 있습니다. 언젠가 과거의 자신을 돌아보며 이렇게 말하게 될 겁니다.

"그때 이 책을 만나길 참 잘했다."

첫 월급 받은 당신이
진짜 알아야 할 것

드디어 받은 첫 월급. 통장에 찍힌 숫자를 보니 기분이 좋긴 한데, 동시에 막막함이 밀려올 거예요. 이제 진짜 어른이 되었구나 싶으면서도, 이 돈을 어떻게 관리해야 할지 도무지 감이 오지 않거든요.

저 역시 마찬가지였습니다. 직장에 적응하느라 너무 바빴고, 첫 월급으로 그동안 사고 싶었던 것들을 사야겠다는 생각이 앞섰어요. 그렇게 돈을 벌기 시작한 지 1년이 넘도록 딱히 체계적인 돈 관리를 하지 않았죠.

돈 관리에 관심이 생긴 후 시중에 나와 있는 관련 책들을 찾아봤지만, 대부분 투자에 관한 내용이 많았어요. '주식으로 은퇴하기' '부동산 투자 성공법' 같은 책들 말이에요. 물론 좋은 내용들이지만, 정작 제가 알고 싶었던 건 그보다 훨씬 기초적인 것들이라 아쉬움이 있었어요.

누군가 단계별로 알려줬으면 좋겠는데…. 아는 게 하나도 없는 저에게 "이거부터 해, 그 다음에는 이거 해!"라고 순서를 딱 정해서 알려주면 좋겠다는 생각이었어요. 월급 받으면 얼마나 써도 되는지, 보험은 어떤 걸 들어야 하는지, 비상금은 얼마나 모아야 하는지, 언제부터 투자를 시작해야 하는지…. 이런 기본적인 것들부터 차근차근 배우고 싶었어요.

그래서 이 책을 쓰게 되었습니다. 사회초년생이었던 당시의 제가 가장 궁금했던 내용들, 그리고 지금 막 돈을 벌기 시작한 여러분에게 꼭 필요한 이야기를 담은 진짜 현실적이고 실용적인 돈 관리 가이드북을 만들고 싶었어요.

이 책에서는 복잡한 투자 기법이나 고수익 비법을 다루지 않습니다. 대신 월급쟁이가 꼭 알아야 할 돈 관리에 관한 기본기를 차근차근 알려드려요. 통장 관리법부터 시작해서 보험, 대출, 그리고 마지막에 투자까지. 딱 사회초년생 수준에 맞는 현실적인 방법들만 엄선해서 소개해 드릴 거예요.

저는 여러분이 쉽게 따라 할 수 있도록 하는 데 집중해서 이 책을 썼습니다. 아무리 좋은 방법이라도 복잡하거나 어려우면 결국 포기하게 되거든요. 그래서 모든 방법을 실제로 적용해 보면서 검증했습니다. '바쁜 직장인도 따라 할 수 있을까?' '복잡한 계산이 필요하진 않을까?' '특별한 금융 지식이 있어야 하는 건 아닐까?' 이런 것들을 하나하나 확인했어요.

그러다 한 가지 결론에 도달했습니다. 개인의 의지력에 의존하지 않는 시스템을 만드는 것이 가장 중요하다는 것이었어요. '열심히 가계부를 써야지!'라는 다짐보다는, 자연스럽게 돈이 모이는 구조 만들기가 돈 관리 측면에서 훨씬 효과적이었거든요.

이 책에 담긴 방법들은 한 번 익혀두면 평생 활용할 수 있는 기본기들입니다. 소득이 늘어나거나 생활 환경이 바뀌어도 같은 원리를 적용할 수 있어요. 복잡한 테크닉이 아니라 돈 관리의 본질적인 원칙들이거든요. 그래서 이 책은 순서가 중요합니다. 투자부터 시작하는 것이 아니라, 기초부터 차근차근 쌓아 올리도록 내용을 구성했어요. 마치 집을 지을 때 기초공사부터 시작하는 것처럼요.

이 책을 읽고 나면

완독하고 3개월이 지나면 여러분은 더 이상 '대체 내 월급이 어디로 갔지?'라고 고민하지 않을 거예요. 돈의 흐름이 한눈에 보이는 체계적인 시스템을 갖추고 있을 거거든요.

6개월 후에는 갑작스러운 상황이 닥쳐도 당황하지 않는 든든한 안전망을 완성하게 될 겁니다. 적금을 중도 해지하거나 급하게 대출받는 일은 더 이상 없을 거예요.

그리고 1년 후에는 완전히 다른 사람이 되어 있을 거예요.. 체계적인 돈 관리 시스템을 바탕으로 투자까지 시작할 뿐만 아니라 돈에 대한 불안감에서 벗어나 진짜 하고 싶은 일을 고민할 여유를 가지게 될 테니까요.

하지만 지금 돈 관리를 시작하지 않으면 어떨까요? 1년 후에도, 3년 후에도 여전히 지금과 같은 고민을 반복하고 있을 거예요. '이번 달에는 진짜 아껴야지'라고 다짐하면서도 월말만 되면 바닥나는 통장 잔고를 보며 한숨 쉬고 있을지도 모르죠.

이 책에서 소개하는 모든 방법은 특별한 재능이나 높은 소득을 전제하지 않습니다. 월급이 250만 원이든 400만 원이든, 서울에 살든 지방에 살든, 금융 지식이 있든 없든 상관없이 누구나 실천할 수 있어요. 필요한 건 복잡한 계산 능력도, 강철 같은 의지력도 아닙니다. 그저 올바른 시스템을 만들고 꾸준히 지속하려는 마음만 있으면 됩니다.

자, 이제 시작해 볼까요?

차례

추천사 최병문(한국재무설계 대표) • 4
추천사 박진영(경제뉴스레터 어피티 대표) • 6
프롤로그 첫 월급 받은 당신이 진짜 알아야 할 것 • 9

PART 1 통장 하나 있는 당신이 알아야 할 가장 기초적인 돈 관리

CHAPTER 1 돈이 모이지 않는 진짜 이유

인생은 예측할 수 없다 • 21
예측할 수 없는 변수들 / 돈 관리 계획을 무너뜨린 불확실성의 실제 사례 / 완벽한 계획 vs. 유연한 시스템

정보가 많을수록 더 헷갈린다 • 30
매일 쏟아지는 '이것만 하면' 정보들 / 숏폼 콘텐츠의 숨겨진 위험 / 정보 홍수에서 길을 잃지 않는 법

CHAPTER 2 돈이 필요할 때, 필요한 만큼 있어야 한다

불확실성을 이기는 2가지 전략 • 37
전략 ① 유동성 확보 / 전략 ② 자산 배분

기준이 있어야 돈이 모인다 • 43
다짐은 3일, 기준은 365일 지속된다 / 기준은 4가지면 충분하다

PART 2. 1원에서 시작하는 단계별 돈 관리 실천법

CHAPTER 1. 순서 딱 정해드립니다

대출부터 갚을까, 비상금부터 모을까 • 53
단계별 접근의 필요성 / 따라만 해도 완성되는 돈 관리법

CHAPTER 2. 1단계: 통장 쪼개기 〔생존〕

돈의 흐름을 파악하는 통장 쪼개기 • 58
효과 ① 가계부 앱보다 쉬운 자동 돈 관리법 / 효과 ② 의지력 없이도 돈이 모이는 시스템 / 효과 ③ 매번 계산하는 스트레스에서 해방 / 효과 ④ 3개월이면 몸에 배는 돈 관리 습관

통장 쪼개는 기준 • 67
5통장 시스템의 전체 구조

돈 버는 상식 관리 부담이 적은 3통장 시스템 구축법
Do it! 실전 연습 쪼갠 통장에 자금 분배하기

CHAPTER 3. 2단계: 생활비 최적화하기 〔생존〕

월급의 얼마를 저축해야 할까? • 93
50%라는 구체적인 목표가 주는 마법 / 현실적인 비율 조정법 / 절약이 투자보다 확실한 이유

무작정 아끼지 말고 똑똑하게 아끼자 • 101
지출 패턴 분석: 내가 어디에 돈을 쓰는지 정확히 알기 / 변동 생활비 최적화: 가성비 낮은 항목부터 과감하게 줄이기 / 고정 생활비 재검토: 한 번 줄이면 계속 효과 나는 고효율 절약 / 핀테크 활용하기

돈 버는 상식 연말정산 완전 정복: 신용카드와 체크카드 똑똑하게 활용하기
Do it! 실전 연습 재무상태표로 내 자산과 부채 한눈에 보기

CHAPTER 4 〈생존〉

3단계: 보험 들기

월 10만 원으로 충분한 보험 전략 • 134
보험의 진짜 목적: 파산을 막는 방패 / 보험과 저축 사이의 최적점 찾기 / 사회초년생의 보험 선택 전략

사회초년생 보험, 이 2가지면 충분하다 • 139
실손의료보험: 병원비 걱정 없는 기본 안전망 / 3대 진단비보험: 소득 공백을 메우는 지원군 / 가입 시 반드시 알아야 할 체크포인트

Do it! 실전 연습 보험 최적화로 순자산 늘리기

CHAPTER 5 〈안정〉

4단계: 비상금 모으기

선택 아닌 필수인 이유 • 157
비상금의 3가지 핵심 역할 / 비상금의 적정 금액과 기준

비상금 실전 운용 가이드 • 163
비상금 통장 선택의 핵심 기준 / 효과적인 비상금 모으기 전략 / 비상금 사용 기준과 원칙

돈 버는 상식 비상금 상품 선택 가이드: CMA vs. 파킹통장
Do it! 실전 연습 비상금을 모으는 단계별 전략

CHAPTER 6 〈안정〉

5단계: 대출 활용하기

대출 상환보다 먼저 해야 할 것들 • 180
비상금 우선의 원칙: 재대출 악순환 방지가 핵심 / 단기 재무 목표 고려: 예측 가능한 자금 마련 / 필수 보험 가입: 작은 보험료로 큰 위험 막기 / 재무적 우선순위 결정 기준

대출이 있는데 투자해도 될까? • 186
단순한 금리 비교의 함정 / 대출 조건에 따른 전략적 판단 / 개인 상황에 따른 맞춤형 접근

돈 버는 상식 신용점수 관리법: 수백만 원을 좌우하는 작은 습관
돈 버는 상식 복수 대출 동시 관리 전략: 우선순위와 실행 노하우
Do it! 실전 연습 대출 상환으로 순자산 늘리기

CHAPTER 7 〈안정〉

**6단계:
정부 금융상품
혜택 누리기**

놓치면 손해인 정부 지원 상품들 • 210
정보 수집 시스템 만들기 / 현명한 활용을 위한 주의사항

청약통장, 내 집 마련의 첫걸음 • 215
청약통장이 제공하는 진짜 기회 / 현실적인 청약 전략: 월 10만 원부터 시작 / 절대 해지하지 말아야 하는 이유

청년미래적금, 최대 연 16% 수익의 비밀 • 223
높은 수익률의 구성 원리 / 청년도약계좌 vs. 청년미래적금

CHAPTER 8 〈성장〉

**7단계:
투자하기**

안전하게 돈 불리는 방법 • 230
현금성자산만으로는 부족한 이유 / 자산 배분의 기본 원리와 효과 / 시간 분산을 통한 위험 관리

돈 버는 상식 각 자산군의 기본 특성 이해하기

ETF로 시작하는 분산투자 • 246
ETF 이해하기 / 4가지 기본 자산군으로 포트폴리오 구성하기 / 적립식 투자와 리밸런싱의 실행

돈 버는 상식 ETF 세금 비교: 똑똑한 투자자의 필수 지식
돈 버는 상식 ISA 계좌 활용법: 중급자를 위한 세금 최적화 전략
Do it! 실전 연습 최종 투자 포트폴리오 만들기

PART 3   지속 가능한 부의 성장을 위한 핵심 전략

CHAPTER 1

**잘못된
선택으로
놓칠 수 있는
기회 비용**

투자 수익률보다 몸값 올리는 게 더 빠르다 • 281
원금의 한계와 수익률의 현실 / 시간이라는 한정된 자원의 배분 / 위험 관리 측면에서의 우위

의지력에 의존하지 말고 시스템을 만들어라 • 288
완벽함보다 지속 가능성 / 자동화 시스템들이 만드는 선순환 / 시스템이 주는 진짜 자유 / 시스템의 점검과 진화

PART 1

통장 하나 있는
당신이 알아야 할
가장 기초적인 돈 관리

CHAPTER 1

돈이 모이지 않는
진짜 이유

인생은
예측할 수 없다

"저축은 '의지'가 아니에요."

스스로 돈을 벌기 시작하면서 가장 먼저 하는 일은 '저축'입니다. 이때의 저축은 나의 의지와는 상관없습니다. 월급 혹은 수당이 통장에 들어오고 필요한 만큼 빠져나간 다음 '남은 돈'이 통장에 쌓이는 거죠.

그렇게 통장에 남은 작고 소중한 돈을 보면 돈을 더 모으고 싶다는 생각이 듭니다. 그때 많은 사람이 선택하는 것이 '적금'입니다. 적금은 매달 일정 금액을 자동으로 적금 통장에 이체하기 때문에 약간의 강제성이 부여되니 모으기가 좀 더 수월하거든요.

처음 적금을 할 때는 의욕이 충만한 상태라 약간 무리를 합니다. 매달 20만~50만 원 정도 납입해야 하는 적금을 시작하죠. 그리고 높은 확률로 기간을 다 채우지 못하고 적금을 해지하게 됩니다. 분명 현실적으로 계획을 세웠다고 생각했는데 예상과 다른 일이 벌어진 것이죠.

왜 이런 일이 발생한 걸까요? "역시 나는 의지가 약해"라며 자책할 수도 있지만, 의지 부족 때문에 실패한 게 아닙니다. 사회초년생 시기는 인생에서 가장 다양한 변화가 몰려오는 구간이에요. 첫 직장 적응, 독립생활 시작, 연애와 결혼 준비, 이직과 경력 개발 등 삶의 모든 영역에서 동시다발적으로 변화가 일어나죠. 이런 변화들은 대체로 언제, 어떤 규모로 일어날지 예측하기가 어려워요. 예측할 수 없는 상황에서 장기적인 돈 계획을 세우고 지키는 것은 구조적으로 어려울 수밖에 없어요.

그런데도 대부분의 재테크 조언은 이런 현실을 무시한 채 '계획을 세우고, 아끼고, 투자하라'는 식의 일방적인 메시지만 전달합니다. 정작 이런 예측할 수 없는 상황, '불확실성'을 고려한 돈 관리 방법을 알려주는 곳은 거의 없어요.

지금부터 사회초년생이 직면하는 다양한 변화를 인정하고,

이를 슬기롭게 극복하는 법을 알려드릴 거예요. 먼저 이 불확실성이 왜 돈 관리를 어렵게 하는 주범인지 구체적으로 알아볼까요?

예측할 수 없는 변수들

대학생 때는 비교적 단순했던 일상이 사회에 나오는 순간 복잡해집니다. 갑자기 늘어난 책임과 선택의 기로 앞에서 예측하기 어려운 상황들이 연이어 발생하죠. 통계청의 경제활동인구 조사에 따르면, 사회초년생의 평균 근속기간은 1년 6.4개월에 불과해요(2025년 5월 기준). 이는 대부분의 사회초년생이 안정적인 수입을 전제로 한 장기 재무 계획을 세우기 어렵다는 의미입니다.

만약 이런 상황에서 월세가 오르고, 대출금리가 오르면 어떻게 될까요? '직장, 주거, 금리'라는 3가지 핵심 요소가 동시에 흔들리면 아무리 치밀하게 세운 돈 관리 계획이라도 무너지게 됩니다.

사회초년생이 마주하는 불확실성을 구체적으로 살펴볼게요.

① 언제까지 이 월급을 받을 수 있을까?

이직이나 재취업 과정에서 발생하는 공백 기간이 예상보다 길어질 수 있어요. "한 달 정도면 새 직장을 구하겠지"라고 생각했는데 3개월이 넘게 걸릴 수도 있거든요. 특히 프로젝트 단위로 일하는 방식이라면 업무량에 따라 수입이 크게 달라질 수 있어 안정적인 소득을 기대하기 어렵죠. 여기에 건강 문제로 인해 예상치 못하게 업무를 중단해야 하는 상황까지 발생한다면, 안정적이라고 생각했던 수입도 언제든 불안정해질 수 있습니다.

② 고정비가 갑자기 늘어난다면?

고정비 급증의 불확실성도 만만치 않게 커요. 특히 대출이 변동금리일 경우 금리가 오르면 매달 나가는 이자가 예상보다 훨씬 늘어날 수 있어요. 실제로 월 상환액이 30만 원 정도였는데 기준금리가 오르면서 어느새 50만 원까지 치솟는 사례도 있어요. 특히 장기 대출일수록 이러한 금리 변동에 노출되는 기간이 길어지는 만큼 리스크 관리가 정말 중요해요.

③ 갑자기 큰돈이 나간다면?

긴급 현금 유출의 불확실성은 더욱 예측하기 어려워요. 질병이나 사고로 인한 의료비가 언제 얼마나 들지 아무도 모릅니다. 치과에 갔는데 치료비가 80만 원이 나올 수도 있어요. 갑자기 가족을 부양해야 하는 상황이나 계획에 없던 경조사비가 발생할 수도 있죠. 냉장고나 세탁기 같은 필수 가전제품이 갑자기 고장 나면서 발생하는 교체 비용도 적지 않은 부담이에요.

<u>이 모든 일은 '예측할 수 없는 불확실한 사건들'이지만, 그로 인해 '어떤 위험'이 닥칠지는 충분히 예상할 수 있어요.</u> 급하게 돈이 필요한데 준비된 자금이 없으면 고금리 대출을 받아야 하고, 모아오던 적금을 중도에 해지해야 하는 상황들이 생기게 됩니다. 이런 악순환이 반복되면서 돈 관리 계획 전체가 흔들리게 되는 거예요.

<u>돈 관리 계획을 무너뜨린</u>
<u>불확실성의 실제 사례</u>

높은 금리 혜택이 제공되는 데도 많은 청년이 적금을 중도에 해지하는 현상은 이런 불확실성의 영향을 보여주는 대표적인 사례입니다. 최대 연 10%의 금리 혜택을 누릴 수 있는 '청년희망적금'마저 중도 해지율이 급증했어요.

금융감독원 자료에 따르면 청년희망적금 중도 해지율이 2022년 6월 6.7%에서 2023년 12월 29.8%로 4배 이상 치솟았습니다. 해지자 수로 보면 19만 5,290명에서 86만 1,309명으로 늘어났죠. 이는 고물가와 고금리가 지속되면서 저축 여력이 줄어들었을 뿐만 아니라, 지출 변수가 많은 2030 세대에게 급하게 돈이 필요한 상황이 빈번히 발생했기 때문이에요.

| 청년도약계좌 기간별 중도 해지율 |

기간	중도 해지율	해지자 수
2022년 6월	6.7%	19만 5,290명
2022년 12월	16.6%	48만 2,018명
2023년 3월	21.1%	61만 1,005명
2023년 12월	29.8%	86만 1,309명

• 출처: 금융감독원

이런 패턴을 한두 번 경험하고 나면 '적금에 가입해도 어차피 또 깰 텐데'라는 생각으로 아예 장기 저축을 포기해 버리게 됩니다. 어떤 사람은 적금을 중도 해지한 청년에게 "그냥 의지가 부족한 거 아냐?"라고 말할 수도 있어요.

하지만 문제는 의지가 아닙니다. 사회초년생이라는 상황 자체가 만드는 구조적 문제예요. 졸업 후 첫 직장에서 업무에 적응하느라 정신없고, 독립생활을 시작하면서 예상치 못한 고정비들이 계속 생겨요. 게다가 미래에 대한 불확실성까지 겹치면 장기적인 돈 계획을 세우기가 어려워지는 건 어찌 보면 너무나도 자연스러운 일이에요. 심지어 급여가 고정된 상황에서 물가나 이자율 같은 외부 요인이 갑작스럽게 변하면, 계획 자체가 흔들릴 수밖에 없죠.

완벽한 계획 vs. 유연한 시스템

그렇다면 해결책은 무엇일까요? 불확실성을 완전히 제거하는 것은 불가능해요. 대신 그것을 인정하고 유연하게 대응할 수 있는 시스템을 구축해야 합니다.

많은 사람이 '완벽한 계획'을 세우려고 해요. 5년 후까지 정확히 계산해서 저축하고, 모든 변수를 고려한 투자 계획을 세우려고 하죠. 하지만 사회초년생에게는 이런 완벽주의가 오히려 독이 될 수 있어요. 계획이 조금만 어긋나도 '실패했다'며 포기해 버리기 쉽거든요.

사회초년생들에게 진짜 필요한 건 '완벽한 계획'이 아니라 '변화에 유연하게 적응할 수 있는 마음가짐과 시스템'입니다. 불확실성을 적으로 보지 말고, 인생에서 당연히 발생할 수 있는 자연스러운 일로 받아들이는 거예요. 그리고 그런 변화가 생겨도 무너지지 않는 탄탄한 기반을 만들어 두는 거죠.

좋은 소식은 이런 시스템을 만드는 일이 생각보다 어렵지 않다는 거예요. 복잡한 금융 지식이나 대단한 의지력이 필요한 게 아닙니다. 핵심이 되는 몇 가지 원칙만 제대로 이해하고 실천하면, 어떤 변수가 생겨도 흔들리지 않는 돈 관리 시스템을 만들 수 있어요.

이 책이 바로 그 시스템 만드는 과정을 단계별로 안내할 거예요. 하지만 그 전에 짚고 넘어가야 할 것이 있습니다. 우리 주변에 넘쳐나는 '이것만 하면 부자 된다'라는 정보들이 오히려 더 큰 혼란을 만들고 있다는 사실이에요.

정보가 많다고 해서 반드시 좋은 것은 아닙니다. 오히려 너무 많은 선택지와 상충하는 조언 때문에 정작 무엇을 먼저 시작해야 할지 모르게 되는 경우가 많죠. 이제부터 이런 정보의 홍수 속에서 길을 잃지 않고 자신에게 맞는 방향을 찾는 방법에 대해 알아볼게요.

✦ SUMMARY

▸ 사회초년생의 돈 관리 실패는 의지 부족이 아닌 불확실성 때문이에요.
▸ 경직된 계획보다 유연한 시스템이 돈 관리를 성공으로 이끌어요.
▸ 불확실성을 관리하는 능력이 곧 돈 관리의 핵심이에요.

정보가 많을수록 더 헷갈린다

"짧은 콘텐츠는 생략된 내용이 많아 조심해야 해요."

인터넷과 소셜 미디어가 발달하면서 재테크 정보가 넘쳐나지만, 정작 어떤 정보가 나에게 맞는지 판단하는 건 더 어려워졌어요. 유튜브, SNS, 책, 지인들의 성공 사례까지 매일 쏟아지는 정보 속에서 사회초년생들은 오히려 선택의 혼란을 겪고 있는 거죠.

좋은 정보가 많다고 해서 좋은 결과가 나오는 건 아니에요. 오히려 너무 많은 선택지가 있으면 결정을 내리지 못하게 되거나, 계속해서 더 좋은 방법을 찾으려다가 아무것도 실행하지 못하는 경우가 생기죠. 그래서 이번에는 정보가 많아서 생기는 재무적 위험과 이를 해결하는 방법을 알아볼게요.

매일 쏟아지는 '이것만 하면' 정보들

매일 '이것만 하면 부자 된다'라는 콘텐츠들이 쏟아져 나와요. ETF 투자법, 주식 종목 추천, 부동산 투자 노하우, 적금 상품 비교까지. 정보는 넘쳐나지만 정작 어떤 것부터 시작해야 할지 감이 오지 않죠.

더 큰 문제는 정보들끼리 상충하는 경우가 많다는 점입니다. 어떤 전문가는 '무조건 투자해야 한다'라고 말하고, 다른 전문가는 '대출부터 갚아야 한다'라고 해요. 같은 투자 상품도 누구는 추천하고 누구는 위험하다고 경고하죠. 'A라는 ETF가 좋다'라는 유튜브 영상을 본 다음 날, 'A ETF는 별로다'라는 블로그 글을 보게 되면 더 혼란스러워집니다. 이렇게 정보가 많아서 생기는 문제는 생각보다 비일비재하고 심각해요.

첫째, '완벽한 답' 찾기 증후군이 생겨요. '더 좋은 방법이 있을 거야!'라며 계속 돈 관리를 미루다가 결국 아무것도 시작하지 못하는 거죠. 결정을 내려도 다른 선택이 더 좋았을지 계속 의심하게 됩니다.

둘째, 자신이 원하는 정보만 골라서 들어요. '월 수익률 30%'라는 글은 끝까지 읽지만, '투자 손실 위험'이라는 글은 대충 넘어가는 거예요.

셋째, 판단을 남에게 맡기려 해요. '유튜버가 추천해서' '블로거가 좋다고 해서' 자신의 상황은 고려하지 않고 그들을 무작정 따라 하려고 하는 거예요. 책임은 남에게 떠넘기고 좋은 결과만 바라는 수동적 태도가 생기게 됩니다.

숏폼 콘텐츠의 숨겨진 위험

요즘은 1분짜리 영상으로 복잡한 금융 개념을 설명하는 숏폼 콘텐츠가 넘쳐나고 있어요. 빠르고 간편하게 정보를 얻을 수 있어 매력적이지만, 단편적 정보의 위험성을 간과해서는 안 됩니다.

예를 들어볼게요. 1분 영상에서 'ETF는 무조건 안전하다'라는 메시지를 본다면 어떨까요? 분산투자 개념으로 보면 일부 맞는 말이지만 반쪽짜리 정보입니다. 주식형 ETF만 산다면 주식시장이 하락할 때는 큰 손실을 볼 수 있거든요. 하지만 1분이라는 짧은 시간에는 이런 위험성까지 제대로 설명하기 어려워요.

'대출 이자만큼의 확실한 수익이 생기는 것'이라고 말하며 대출금을 빨리 갚아야 한다고 하는 사람들도 있는데, 이 역시 상황을 고려하지 않은 일반론입니다. 대출 상환에만 집중하다가 예상치 못한 지출(경조사, 의료비 등)이 생기면 여유 자금이 없어 신규 대출을 받아야 할 수 있거든요.

이처럼 숏폼으로 보는 1분짜리 재테크 정보는 전체 맥락을 놓치기 쉽고, 개인의 상황을 고려하지 않은 일반론에 그치는 경우가 많아요. 단계적 접근 없이 숏폼 정보를 무작정 따라 하면 관리를 지속하기 어려워 결국 모든 돈 관리 계획이 무너질 수 있게 되니 주의해야 해요. 숏폼을 통해 돈 관리 정보를 얻을 때는 반드시 다음 내용을 꼭 고려해야 한다는 사실을 잊지 마세요.

숏폼 정보 체크 포인트

- **완전한 정보인가?**: 장점만 있고 위험성은 빠뜨리지 않았는지 살펴보기
- **내 상황에 맞나?**: 전제 조건이나 개인 상황 차이를 고려했는지 판단하기
- **검증 가능한가?**: 객관적 데이터나 근거가 제시되었는지 살펴보기

정보 홍수에서 길을 잃지 않는 법

결국 사회초년생이 돈 관리를 위해 가장 먼저 해야 하는 일은 투자 상품을 고르는 능력을 기르는 게 아닙니다. 기준을 세우고 부족한 점부터 보완하는 거예요. 내가 어디에 있고 어디로 가고 싶은지 명확하면, 넘쳐나는 정보 속에서도 나에게 필요한 것만 골라낼 수 있거든요.

비상금이 부족한 상황에서 '올해 최고 수익률 ETF'라는 정보를 봤다고 가정해 볼게요. 기준이 없으면 '어? 이거 해볼까?'라고 혹할 수 있어요. 하지만 나만의 명확한 기준이 있다면 '지금은 비상금이 우선이니까 나중에'라고 판단할 수 있습니다. 이렇게 기준을 세우면 정보의 홍수에서도 길을 잃지 않아요. 내게 지금 당장 필요한 정보와 나중에 봐도 될 정보를 구분할 수 있거든요.

이를 위해서는 구체적이고 수치화된 기준이 필요해요. 막연하게 '아껴야지'가 아니라 '저축은 월 소득의 50%' '비상금은 월 지출의 3배' 같은 명확한 지표 말이죠. 앞으로 여러분에게 든든한 기준이 되어 줄 구체적이고 실용적인 원칙들을 차근차근 소개해 드릴게요.

지금까지 사회초년생이 돈을 모으지 못하는 2가지 구조적 문제를 살펴봤어요. 예측할 수 없는 불확실성과 넘쳐나는 정보의 혼란 말이죠.

그렇다면 이제 해결책을 찾을 차례입니다. 혼란 속에서도 확실하게 자산을 늘려갈 수 있는 핵심 원칙들을 알아볼게요. 복잡해 보일 수 있지만 실제로는 단순한 이 원칙들을 이해하고 나면, 어떤 상황에서도 흔들리지 않는 나만의 돈 관리 기준을 잡을 수 있을 거예요.

✦ **SUMMARY**

- 정보가 많다고 좋은 게 아니라, 내게 맞는 정보를 선별하는 능력을 갖추는 게 중요해요.
- 빠르고 간편한 정보일수록 함정이 숨어 있을 가능성이 높아요.
- 명확한 기준을 세우면 정보의 홍수에서도 길을 잃지 않아요.

CHAPTER 2

돈이 필요할 때, 필요한 만큼 있어야 한다

불확실성을 이기는 2가지 전략

"예측할 수는 없지만, 대비할 수는 있습니다."

앞서 사회초년생의 돈 관리를 방해하는 2가지 문제 요소를 살펴봤어요. 예측할 수 없는 미래와 넘쳐나는 정보들 말이죠. 이런 요소들 때문에 열심히 세운 계획도 쉽게 흔들릴 수 있어요. 그렇다면 어떻게 해야 할까요? 이제부터 혼란 속에서도 확실하게 돈을 모을 수 있는 현실적인 해결책을 알아보겠습니다.

성공적인 돈 관리를 위한 2가지 핵심 원칙은 바로 '유동성 확보' 그리고 '자산 배분'이에요. 두 원칙을 제대로 이해하고 적용하면, 어떤 상황이 닥쳐도 흔들리지 않는 튼튼한 재무 기반을 만들 수 있어요. 하나씩 자세히 살펴볼게요.

전략 ① 유동성 확보

자산 관리에서 '리스크'라고 하면 흔히들 '주식에 투자했다가 원금을 잃는 것'을 떠올려요. 물론 이것도 맞지만 사회초년생이 간과하는 위험이 있어요. 바로 돈을 써야 하는 순간에 자금이 묶여 있어 발생하는 문제들입니다.

월급을 모두 적금에 넣었다고 가정해 볼게요. 월급을 착실히 저축했으니 안전해 보이죠? 하지만 갑자기 치료비 300만 원이 필요한 상황이 생겼는데 당장 현금은 없고 적금 만기는 6개월이나 남아 있다면 어떻게 될까요? 손해를 감수하고 중도 해지를 하거나 급한 마음에 고금리 대출을 받게 될 거예요. 돈을 열심히 불리는 중인데 그보다 더 많은 손해를 보게 되는 아이러니한 상황이 발생하는 거죠.

월급을 모두 주식에 투자한 경우는 어떨까요? 2022년 하반기처럼 주가가 폭락한 상황에서 급전이 필요하면, 큰 손실을 감수하고 매도할 수밖에 없어요. 투자로 돈을 벌려다가 오히려 원금까지 잃게 되는 최악의 시나리오가 현실이 되는 거죠.

자산 관리에서 진짜 위험은 '돈이 없는 것'이 아니라 '돈이 필요할 때 쓸 수 없는 것'입니다. 이런 위험을 피하려면 첫 번째 방패가 필요해요. 바로 충분한 유동성을 확보하는 거예요.

'유동성'이라는 말이 어려워 보이지만, 쉽게 말하면 '필요할 때 바로 쓸 수 있는 돈'이에요. 수시입출금 통장처럼 언제든 찾을 수 있는 돈을 말하죠.

요즘은 많은 사람이 투자에 열을 올리고 있어서, 투자를 하지 않으면 '돈을 썩히는 것'이라고 생각하는 분위기가 있어요. 이런 분위기 속에서 '남들은 모두 투자해서 돈을 벌고 있는데, 나만 이렇게 낮은 수익률로 돈을 놔둬도 되나?' 하는 불안감이 당연히 들 수 있습니다.

하지만 적정량의 유동성 확보는 돈 관리의 필수 요소예요. 갑작스러운 의료비나 실직 같은 긴급 상황이 발생해도 기존의 저축이나 투자 계획을 중단하지 않고 지속할 수 있게 해주거든요. 유동성이 없으면 그동안 쌓아온 돈 관리 시스템이 한순간에 무너질 수 있어요.

전략 ② 자산 배분

유동성을 확보했다면 그다음에는 남은 돈을 어떻게 관리할지 고민해야 해요. 여기서 중요한 게 바로 자산 배분입니다. 자산 배분은 경제 위기 상황에 대비하는 두 번째 방패예요. 경기가 좋아질지 나빠질지, 물가가 오를지 내릴지, 금리가 오를지 내릴지 아무도 정확히 예측할 수 없습니다. 거시경제 환경의 변화가 내 자산에 미치는 영향을 미리 알기는 어려워요.

예를 들어 모든 돈을 현금으로만 가지고 있다면 어떻게 될까요? 인플레이션(물가가 계속 오르는 현상)이 심해지는 시기에는 돈의 실질적 가치가 계속 떨어져요. 반대로 모든 돈을 몽땅 주식에 투자했다면 어떻게 될까요? 경기 침체가 오면 주식 시장 불황으로 큰 손실을 볼 수 있어요. 어떤 경제 상황이 올지 미리 알 수 없으므로, 한 가지 자산에만 의존하는 것은 위험합니다.

'계란을 한 바구니에 담지 말라'라는 말 들어보셨죠? 모든 계란을 한 바구니에 담으면 그 바구니가 바닥에 떨어졌을 때 모든 계란이 깨져요. 하지만 여러 바구니에 나눠 담으면 한 바구니가 바닥에 떨어져도 다른 바구니의 계란은 안전하죠.

돈 관리에서도 마찬가지예요. 모든 돈을 하나의 투자 상품에 넣는 것이 아니라, 서로 다른 특성을 가진 여러 자산군에 나눠 투자하는 게 안전해요.

대표적으로 주식, 채권, 금, 현금성자산, 부동산 등을 각기 다른 자산군이라고 해요. 여러 자산군에 나눠 투자하면 한 자산군에서 손실이 나더라도 다른 자산군에서 그 손실을 어느 정도 보완할 수 있어요.

결국 적절한 유동성 확보와 자산 배분은 자산 관리 리스크를 효과적으로 관리하는 핵심 전략입니다. 하지만 이 둘은 트레이드오프(trade-off)예요. 즉, 하나를 얻으면 다른 하나를 잃어야 하는 관계이죠. 유동성을 너무 많이 확보하면 수익 기회를 놓치고, 수익을 너무 추구하면 유동성이 부족해질 수 있거든요. 핵심은 균형입니다. 적당한 유동성을 확보하면서 적당한 수익을 추구하는 게 현실적인 접근법이에요.

정리하면 사회초년생이 직면하는 불확실성은 두 종류입니다. 개인적 차원의 불확실성(언제 돈이 갑자기 필요할지 모르는 상황)과 거시경제적 차원의 불확실성(어떤 경제 상황이 올지 모르는 상황)이에요. 불확실성에 대응하는 방법은 각기 다릅니다. 개인적 불확실성에는 유동성 확보로, 거시경제적 불확실성에는 자산 배분으로 대비하는 거예요. 이 2가지 방패가 있으면 어떤 상황이 와도 큰 타격을 받지 않고 꾸준히 자산을 늘려갈 수 있습니다.

✦ SUMMARY

- 진짜 위험은 투자 손실이 아니라 돈이 필요할 때 쓸 수 없는 상황이에요.
- 유동성(바로 쓸 수 있는 돈) 확보가 모든 위험 관리의 출발점이에요.
- 자산 배분은 큰 수익 추구보다 혹시 모를 위험을 줄여 안전을 추구하는 전략이에요.

기준이 있어야
돈이 모인다

**"막연한 다짐보다
명확한 기준이 더 강력합니다."**

유동성과 자산 배분의 중요성을 이해했다면, 이제 가장 현실적인 질문이 남습니다. "그래서 구체적으로 얼마나 확보해야 하는데요?" 아무리 좋은 원칙을 알아도 구체적인 숫자가 없으면 실행할 수 없어요. 더 중요한 건, 명확한 기준이 있어야 수많은 재테크 정보 속에서 길을 잃지 않는다는 점이에요. 이번에는 일관된 방향을 유지할 수 있는 구체적이고 실용적인 기준을 알려드릴게요.

다짐은 3일,
기준은 365일 지속된다

'돈을 아껴야지' '투자를 해봐야지' '보험에 가입해야지' 같은 막연한 다짐은 실제 행동으로 이어지기 어려워요. 하지만 '월 소득의 50% 저축하기' '보험료는 월 10만 원 이내로 제한하기' 같은 구체적인 숫자가 있으면 달라지죠. 명확한 기준이 주는 놀라운 효과를 살펴볼게요.

① 매번 고민하는 스트레스 탈출

기준이 있으면 월급이 들어왔을 때 '얼마나 쓸 수 있나?' 고민하는 대신, 미리 정해둔 비율에 따라 배분하면 돼요. 예를 들어 '변동생활비는 월 40만 원'이라는 기준이 있으면 감정 상태와 관계없이 일관된 소비를 할 수 있어요. 기분 좋을 때도, 스트레스 받을 때도 같은 기준을 적용하는 거죠.

② 순간의 유혹 극복

구체적인 숫자를 정해 두면 유혹에 흔들리지 않고 목표를 더 잘 지킬 수 있어요. '이번 달은 아끼자'보다 '매달 150만 원씩 모아야

지'처럼 기준이 분명하면, 다른 데 돈을 쓰려고 할 때 한 번 더 생각하게 되죠. '어? 이거 사면 이번 달 목표를 못 지키네'라고 소비 브레이크가 걸리는 순간들이 생기는 거예요.

③ '잘하고 있나?' 불안감 해소

'내가 지금 제대로 하고 있는 걸까?' '이 정도면 충분한 걸까?'처럼 끊임없는 의문은 정말 스트레스예요. 하지만 명확한 기준이 있으면 이런 불안감이 크게 줄어들어요. 그리고 이런 심리적 안정감은 일관된 돈 관리 습관을 형성하는 데 아주 중요한 요소입니다. 매번 고민하고 결정하는 대신, 미리 정해놓은 원칙에 따라 행동하면 후회할 일이 적어지고 스트레스도 줄어 지속 가능한 돈 관리가 가능해요.

기준은 4가지면 충분하다

수많은 재테크 기법이 있지만, 사회초년생에게 정말 필요한 기준은 4가지면 충분해요. 복잡하면 지키기 어렵거든요. 4가지 핵심 기준은 다음과 같은 요소를 고려해 선정했어요.

- **균형성**: 수익성과 위험성을 모두 고려했나
- **확장성**: 소득이 늘어도 같은 비율을 적용할 수 있나
- **안정성**: 불확실한 상황에서도 일관되게 적용할 수 있나

이제 각 기준을 자세히 살펴볼게요. 구체적인 실행 방법은 뒤에서 다루고, 여기서는 4가지 기준의 목적과 의도를 살펴보겠습니다.

| 사회초년생을 위한 4가지 돈 관리 기준 |

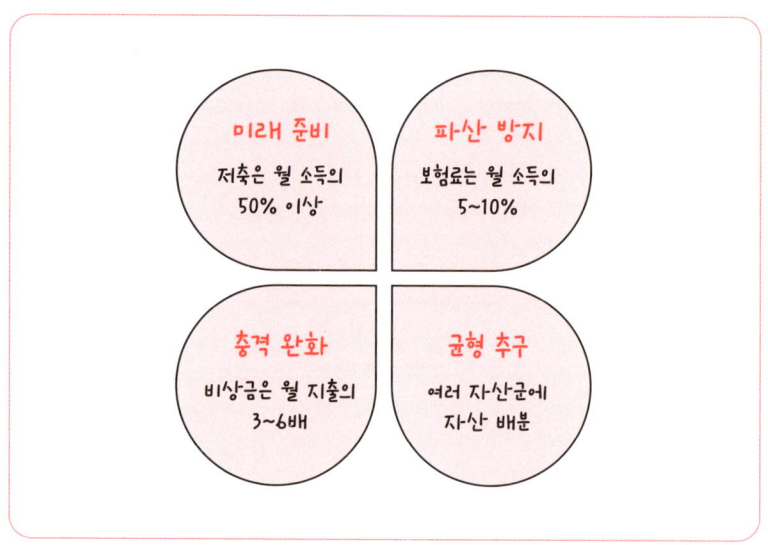

① 저축은 월 소득의 50% 이상: 미래를 위한 자산 형성의 기본

저축은 '미래'를 위한 거예요. 지금 당장의 소비를 조금 줄여서 나중에 더 큰 자유를 얻는 거죠.

이때 중요한 건 돈을 모으는 순서예요. 대부분 사람들은 한 달 생활하고 남는 돈을 저축하려고 해요. 하지만 이렇게 하면 돈이 거의 남지 않아요. 성공하는 사람들은 거꾸로 해요. 월급을 받자마자 저축할 돈부터 먼저 떼어두고, 남은 돈으로 생활하는 거죠. '여유 있을 때 모으자'가 아니라 '일단 모으고 시작하자'라는 마음가짐이 핵심입니다.

② 보험료는 월 소득의 5~10%: 파산은 막되, 저축은 살리는 균형점

보험은 내가 가진 모든 자산을 소진할 만큼의 재정적 문제가 발생했을 때 나를 보호하기 위한 안전장치입니다. 하지만 매달 납부하는 보험료가 지나치게 많아 정작 저축이나 투자할 돈이 없어진다면 본말이 전도된 셈이죠. 따라서 최소한의 보험료로 핵심 보장을 확보하는 게 사회초년생에게는 현명한 전략입니다.

③ 비상금은 월 지출의 3~6배: 예측 못한 일의 충격을 최소화하는 방패

인생은 계획한 대로만 흘러가지 않아요. 특히 20~30대에는 예상하지 못한 상황이 갑자기 찾아오는 경우가 많습니다. 큰 금액은 아니더라도 급하게 돈이 필요한 순간이 분명 생기죠. 그럴 때 적금이나 주식에 모든 돈이 묶여 있으면 어떻게 될까요? 손해를 감수하고 적금을 해지하거나 팔 생각이 없던 주식을 팔아야 합니다. 고금리 대출을 받아야 할 수도 있죠. 비상금은 이런 악순환을 미리 차단하는 든든한 방패 역할을 합니다. 언제든 바로 사용할 수 있는 형태로 확보해 두면, 갑작스러운 상황에서도 기존 재무 계획을 해치지 않고 안정적으로 대응할 수 있어요.

④ 여러 자산군에 자산 배분: 위험을 줄이면서 수익을 추구하는 방법
자산 배분은 불확실성을 이기는 전략 중 하나입니다. 모든 돈을 한 자산에 집중하기보다 여러 자산군에 분산투자함으로써 위험을 낮추고 안정적인 수익을 얻을 수 있어요.

4가지 기준이 절대적인 규칙은 아닙니다. 개인의 상황과 생애주기에 따라 유연하게 조정될 수 있어요. 중요한 건 '기준을 가지고 있다'라는 사실 자체입니다. 기준이 있으면 현재 자신의 재무 상태를 보다 객관적으로 바라볼 수 있고, 어떤 부분을 개선해야 할지 명확한 방향성도 잡을 수 있거든요.

기준은 나를 제한하는 틀이 아니라, 더 나은 선택을 할 수 있도록 도와주는 기준점이에요. 이 점만 기억해도 돈 관리가 훨씬 가벼워질 거예요.

✦ SUMMARY

- 막연한 목표는 막연한 결과를 낳아요.
- 4가지 기준만 지켜도 웬만한 재무 위기는 피할 수 있어요.
- 기준은 완벽해야 할 필요는 없지만 구체적으로 세워야 해요.

PART 2

1원에서 시작하는
단계별 돈 관리 실천법

CHAPTER 1

순서
딱 정해드립니다

대출부터 갚을까, 비상금부터 모을까

"모든 것을 한 번에 하려고 하면
아무것도 제대로 할 수 없습니다."

돈 관리의 중요성과 기준에 대해 알아도 무엇부터 해야 할지 모른다면 무용지물입니다. '대출부터 갚을까, 투자부터 시작할까, 비상금부터 모을까?' 같은 고민 때문에 아예 시작도 못 하는 경우가 많거든요.

지금부터 어떤 순서로 돈 관리를 시작해야 하는지 알려드릴게요. 특히 사회초년생처럼 자원이 제한된 상황에서는 무엇을 먼저 해야 할지 아는 것이 성공의 열쇠가 됩니다.

단계별 접근의 필요성

사회초년생들은 시간도 돈도 에너지도 한정되어 있어요. 직장에 적응하느라 바쁘고, 월급도 아직 많지 않고, 배울 것도 산더미죠. 이런 상황에서 모든 걸 동시에 완벽하게 하려다 보면 어느 것도 제대로 달성하기 어려워요.

무엇보다 단계별 접근이 필요한 이유는 위험 감수 능력이 변하기 때문이에요. 자산 1원 단계에서는 원금을 잃으면 치명적이므로 안정성이 최우선이지만, 자산 3,000만 원 단계에서는 어느 정도 여유가 있으니 일부 위험을 감수할 수 있어요. 자산 1억 원 단계에서는 조금 더 공격적인 투자가 가능하죠. 초기에는 '생존'이 우선이지만, 자산이 늘어날수록 '성장'에 비중을 높일 수 있어요.

자산 단계별 우선순위

1단계(자산 1~500만 원): 생존 기반 구축

- **핵심 과제**: 비상금 확보(월 지출의 3배), 기본 보험 가입, 안정적인 저축 습관 형성
- **피해야 할 함정**: 성급한 고수익 투자, 과도한 보험

2단계(자산 500만~3,000만 원): 안정성 강화

- **핵심 과제**: 비상금 완성(월 지출의 6배), 보수적인 투자 시작, 대출이 있다면 상환 계획 수립
- **피해야 할 함정**: 조급한 마음으로 위험 투자

3단계(자산 3,000만 원 이상): 수익성 추가

- **핵심 과제**: 본격적인 분산투자 시작, 세금 최적화 전략
- **피해야 할 함정**: 과신으로 인한 집중 투자

이처럼 단계마다 집중해야 할 핵심 과제와 피해야 할 함정이 다르므로, 현재 자신의 단계를 정확히 파악하는 것이 중요해요.

따라만 해도 완성되는 돈 관리법

이제 본격적으로 사회초년생이 1원에서 시작해 돈을 모으는 과정을 단계별로 살펴보겠습니다. 각 단계에서 필요한 재무 지식과 실천 방법을 구체적으로 제시해 쉽게 따라 할 수 있도록 도울 거예

요. 차근차근 따라오면 이 책이 끝날 때쯤 여러분은 위험을 줄이는 방패와 수익률을 높이는 창을 모두 갖게 될 거예요.

지금부터 생존, 안정, 성장 단계별 해야 할 일들을 하나씩 알려드릴게요. 통장 쪼개기부터 시작해 생활비 최소화하기, 보험 들기, 비상금 모으기, 대출 활용하기, 정부 금융상품 혜택 누리기, 투자하기까지. 월급이 적어도, 시간이 부족해도, 금융 지식이 없어도 따라 할 수 있는 현실적인 방법들이에요.

✦ SUMMARY

- 제한된 자원으로는 단계별 접근이 성공의 열쇠예요.
- '생존 → 안정 → 성장' 순서로 접근해야 해요.
- 이 책에서 소개하는 로드맵을 따르면 자연스럽게 자산이 늘어나는 시스템이 완성될 거예요.

CHAPTER 2

생존

1단계:
통장 쪼개기

돈의 흐름을
파악하는 통장 쪼개기

"가계부를 쓰지 않아도 돈의 흐름이
한눈에 보이는 마법이 있습니다."

돈이 남은 것 같다가도 신용카드 청구 알림이 뜨면 그제야 '아, 맞다! 이 돈도 나갈 돈이었지' 하고 깨닫게 되는 경험, 다들 있으시죠? 나름대로 소비를 조절한다고 생각했는데 막상 월말이 되면 남는 게 없고, 어디에 썼는지도 불분명한 상황이 반복되고 있다면, 그 원인은 의외로 간단해요. 모든 돈이 하나의 통장에 섞여 있다 보니, 쓸 돈과 모아야 하는 돈을 스스로 파악하기 어렵기 때문입니다.

통장 쪼개기는 이런 혼란을 한 번에 해결하는 시스템이에요. 목적별로 통장을 나눠 사용하면 번거롭게 가계부를 작성하지 않아도 돈의 흐름을 자동으로 관리할 수 있거든요. 한 번 설정해 놓으면 매달 자동으로 작동하는 이 시스템의 핵심 효과는 총 4가지예요.

효과 ① 가계부 앱보다 쉬운 자동 돈 관리법

성공적인 돈 관리의 첫걸음은 내 돈이 어디서 와서 어디로 가는지 파악하는 거예요. 매일 가계부를 쓰는 건 이론적으로는 완벽하지만, 현실적으로는 지속하기 어려운 방법이죠. 통장 쪼개기는 바로 이 지점에서 탁월한 대안을 제시해요.

이 시스템이 가져다주는 가장 큰 변화는 돈의 흐름이 시각화된다는 점이에요. 월급이 들어오면 미리 정해둔 비율에 따라 자동으로 각 통장에 배분되고, 각 통장의 용도가 명확히 구분되어 있어 돈의 사용 목적과 흐름을 한눈에 파악할 수 있습니다. 통장 자체가 가계부 역할을 하게 되는 셈이죠.

| 통장 쪼개기 전후 비교 |

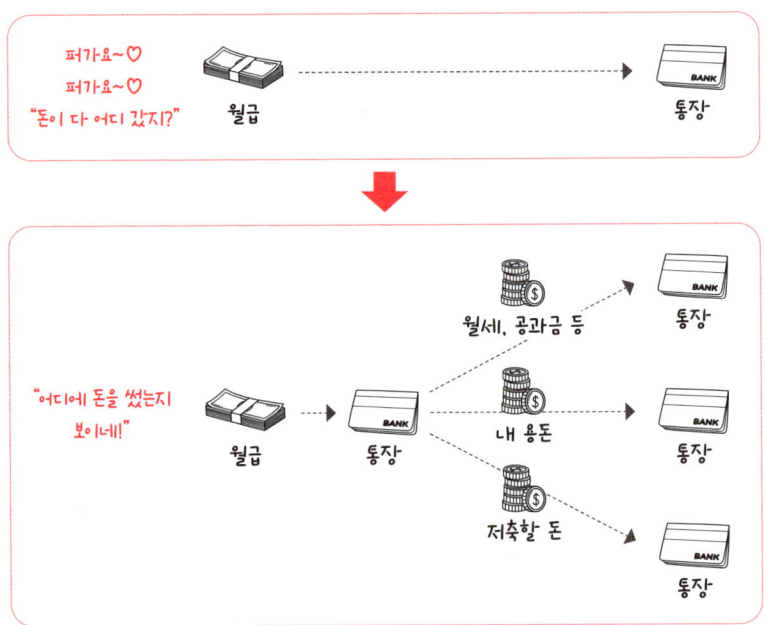

먼저 통장 하나로 월급을 관리하면 어떻게 되는지 살펴볼게요.

- 25일: 월급 250만 원 입금 → 잔액 250만 원
- 26일: 월세 80만 원 나감 → 잔액 170만 원
- 27일: 신용카드 대금 45만 원 나감 → 잔액 125만 원
- 28일: 보험료 12만 원 나감 → 잔액 113만 원
- 29일: 생활비 32만 원 씀 → 잔액 81만 원

월급 250만 원이 들어온 지 얼마 되지 않아 통장 잔고가 점점 바닥을 드러내는데, 어디에 얼마를 쓴 건지 알 수가 없습니다. 통장 내역을 살펴보면 분명 내가 쓴 게 맞지만 내가 쓴 것 같은 기분이 안 들어요.

반면 통장 쪼개기로 월급을 관리하면 완전히 다른 그림이 그려집니다.

> - 월급이 들어오는 통장 외에 추가로 4개의 통장 개설
> - 월급 통장: 월급 250만 원 입금, 1~4번 통장에 100만 원, 40만 원, 50만 원, 60만 원 자동이체 → 잔액 0원
> - 1번 통장: 100만 원 입금 → 월세 80만 원, 보험료 12만 원 나감 → 잔액 8만 원
> - 2번 통장: 40만 원 입금 → 신용카드 대금 45만 원, 생활비 32만 원 나감 → 잔액 37만 원 마이너스
> - 3번 통장: 50만 원 입금 → 안 씀 → 잔액 50만 원
> - 4번 통장: 60만 원 입금 → 연 3% 예금금리 → 잔액 60만 1,500원(예상)

1번은 고정비 통장, 2번은 생활비 통장, 3번은 비상금 통장, 4번은 투자 통장입니다. 월급 통장에 급여가 들어오면 미리 정해놓은 금액이 각 통장으로 자동이체됩니다.

이번 달에는 2번 통장에 입금한 금액보다 지출이 많아 마이너스가 되었고(실제로는 카드값이 미납되겠지만 편의상 마이너스라고 하겠습니다), 3번 통장은 비상금을 사용할 일이 없어 그대로 저축되었습니다. 4번 통장에는 한 달 치 이자가 붙었습니다.

이렇게 정리해 보면 이번 달에는 생활비 지출이 많았고, 다음 달에는 소비를 조금 더 신경 써야 한다는 것을 통장 내역만으로도 알 수 있습니다.

<u>자동화된 시스템의 가장 큰 장점은 최소한의 노력으로 최대의 효과를 얻을 수 있다는 거예요.</u> 세밀하게 가계부를 쓰는 사람은 아쉬울 수 있지만, 가계부 쓰기가 작심삼일이었던 사람에게는 통장 내역만 확인하면 되므로 지속 가능성이 훨씬 높아요.

효과 ② 의지력 없이도 돈이 모이는 시스템

통장 쪼개기가 가져다주는 두 번째 효과는 강제적 저축 구조를 만든다는 점이에요. '쓰고 남은 돈은 저축해야지'라는 접근법으로는 절대 돈이 모이지 않아요. 통장 쪼개기는 수입이 들어오자마자 자동으로 저축이 이루어지는 구조라서 '선 저축, 후 소비'가 자연스럽게 실현됩니다.

또한 통장별로 금액을 미리 배정함으로써 각 영역의 지출 한도를 설정할 수 있어요. 생활비 통장에 40만 원만 이체하면 그 이상은 물리적으로 쓸 수 없죠. 이러한 목적별 분리는 심리적 장벽을 만들어요. 비상금 통장의 돈을 쇼핑에 쓰는 건 심리적으로 훨씬 어렵거든요. 반대로 생활비 통장의 돈은 오히려 한도 내에서 자유롭게 쓸 수 있어, 무분별한 지출을 방지하면서도 과도한 절약 스트레스에서 벗어나게 해 균형을 잡아줘요. '이 돈은 써도 되는 돈'이라는 확신이 있으면 죄책감 없이 소비할 수 있고, '이 돈은 다른 용도의 돈'이라는 구분이 있으면 충동구매를 자연스럽게 막을 수 있어요.

효과 ③ 매번 계산하는 스트레스에서 해방

세 번째 효과는 일상적인 돈 관리에서 발생하는 정신적 부담을 크게 줄여준다는 점이에요. 하나의 통장에 모든 돈이 섞여 있으면 실질적으로 내가 쓸 수 있는 돈이 얼마인지 헷갈리기 쉬워요. 통장에 80만 원이 남아 있어서 '여유 있네!'라고 생각했는데, 알고 보니 다음 주에 신용카드 대금 40만 원, 적금 30만 원, 보험료 15만 원이 나갈 예정이라면, 실제로는 마이너스 5만 원인 상황인 거죠. 이미 친구들과 약속도 잡고 쇼핑도 해버린 후라면 결국 신용카드 대금을 연체하게 되는 악순환이 발생합니다.

'어? 이번 달 월세는 냈나? 보험료는? 그럼 지금 쓸 수 있는 돈은 얼마지?' 이런 계산을 매번 하다 보면 정신적으로 지치고, 때로는 계산 실수로 돈이 부족해지는 상황도 생겨요. 그러나 목적별 통장을 두면 지금 당장 내가 쓸 수 있는 돈이 얼마이고, 저축액이 얼마인지 한눈에 보입니다. 매번 계산할 필요가 없어지죠. 통장 잔액이 곧 사용 가능 금액이니까요.

이런 변화가 가져오는 효과는 돈 관리를 넘어 삶의 질 향상으로 이어져요. 돈 관리에 대한 스트레스가 줄어들면서 다른 일에 집중할 수 있는 여유가 생기죠. 매일 가계부를 쓰고 지출을 체크하는 대신, 그 시간을 자기계발이나 부업에 투자할 수 있게 되는 거예요.

효과 ④ 3개월이면 몸에 배는
돈 관리 습관

네 번째 효과는 단순한 관리 도구를 넘어 건전한 돈 관리 습관까지 길러 준다는 점이에요. 시스템에 의해 자동화된 돈 관리는 시간이 지날수록 자연스러운 재무 습관으로 자리 잡게 됩니다. '돈 먼저 모으고 소비한다' '생활비 통장에서만 외식, 쇼핑한다' '비상금은 절대 안 건드린다'와 같은 작은 규칙들이 반복되면서 돈을 소비하는 패턴이 근본적으로 개선되거든요.

처음에는 의식적으로 지키던 규칙이 3~6개월 정도 지나면 당연하게 하게 돼요. 각 통장의 잔액을 확인하는 것만으로도 자연스럽게 재무 상황을 점검하게 되니까, 돈 관리가 익숙해지고 자신감도 생깁니다. 1개월 차에는 시스템에 적응하느라 조금 불편하지만, 3개월 차가 되면 자동이체가 익숙해지고 통장별 역할이 명확해져요. 6개월 차에는 의식하지 않아도 자연스럽게 용도별로 돈을 관리하게 되고, 1년 차가 되면 완전히 습관이 되어서 다른 방식으로는 관리하기 어려워집니다. 결국 장기적으로 건전한 돈 관리 습관이 형성되는 거예요.

습관의 힘은 강력합니다. 좋은 시스템이 좋은 습관을 만들고,

좋은 습관이 좋은 결과를 만드는 선순환 구조가 만들어져요. 특히 사회초년생 시기에 이런 시스템을 익혀두면 평생 돈 관리의 기반이 됩니다. 소득이 늘어나도 같은 원리로 적용할 수 있거든요.

✦ **SUMMARY**

- 통장 쪼개기는 가계부 없이도 돈의 흐름을 자동으로 관리해 주는 시스템이에요.
- 의지력이 없어도 한 번 설정하면 '선 저축, 후 소비'가 자연스럽게 이루어져요.
- 사회초년생 시기에 만든 건전한 재무 관리 습관은 평생 자산이에요.

통장 쪼개는 기준

"5통장 시스템은 통장 5개로
돈을 관리하는 거예요."

통장 쪼개기의 놀라운 효과를 이해했다면, 이제 가장 궁금한 건 통장을 쪼개고 관리하는 방법일 거예요. 이론은 좋은데 막상 실행하려니 '몇 개로 나눠야 하지?' '어떤 종류의 통장을 써야 하지?' 같은 현실적인 질문들이 쏟아지죠. 지금 바로 가장 체계적이고 효율적인 '5통장 시스템'의 구축법을 단계별로 알려드릴게요.

5통장 시스템의
전체 구조

5통장 시스템은 통장 5개를 각각 다른 목적에 맞게 사용하는 방식으로, 1개의 통장이 중심이 되어 나머지 통장으로 돈을 자동으로 분배하는 아주 단순한 구조예요. 처음에는 '통장이 5개나 필요해?'라고 생각할 수 있지만, 한 번 시스템을 구축해 놓으면 오히려 돈의 흐름이 명확해져서 관리가 훨씬 쉬워집니다.

| 5통장 시스템 |

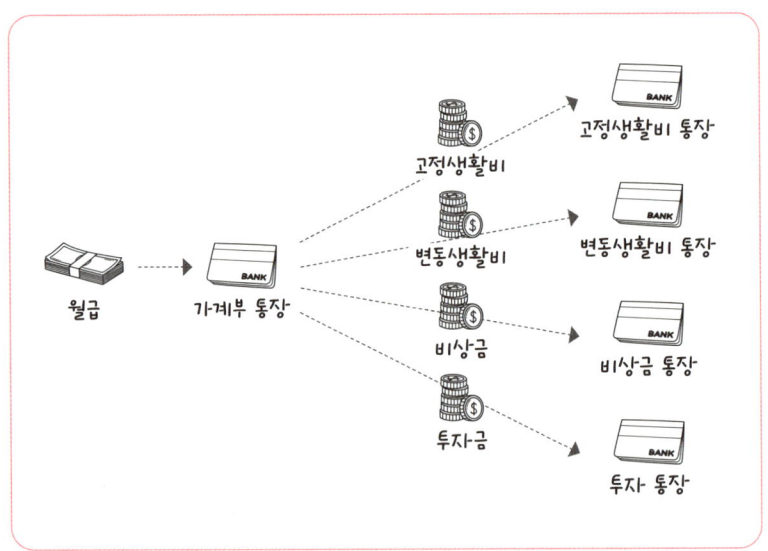

통장의 이름은 목적에 따라 ①가계부 통장(월급 통장), ②고정생활비 통장, ③변동생활비 통장, ④비상금 통장, ⑤투자 통장이라고 할게요. 월급날이 되면 가계부 통장에 월급이 입금되고, 다음 날 미리 설정해 둔 금액이 자동이체를 통해 4개의 통장으로 나누어져 이동합니다. 이렇게 되면 가계부 통장에는 잔액이 남지 않게 되고, 이후에는 각 통장의 목적에 맞게 돈을 사용하면 됩니다.

구체적으로 5개 통장이 각각 어떤 역할을 하는지, 그리고 어떻게 관리하면 좋은지도 살펴볼게요.

① 가계부 통장(월급 통장): 모든 돈의 출발점

가계부 통장은 모든 수입이 들어오고 다른 통장으로 분배되는 돈 관리의 시작점이에요. 회사에 들어가면 월급을 받을 통장을 만들게 되는데, 이 월급 통장을 중앙 허브 역할인 가계부 통장으로 삼는 거예요.

이 통장의 가장 중요한 원칙은 잔액을 남겨두지 않는 거예요. 월급이 들어오면 다른 통장으로 모든 돈을 분배해서 잔액이 0원이 되도록 만드는 겁니다. 자연스럽게 가계부 통장에는 다른 통장에 얼마씩 이체했는지 기록만 남게 되어 실제 가계부 역할을 할 거예요.

통장을 선택할 때는 다음 3가지를 고려해야 해요.

- 급여이체 실적이 있으면 대출이나 적금 우대금리를 주는 통장
- 다른 통장으로 자동이체할 때 수수료가 면제되는 통장
- 자동이체 설정이 편리한 은행의 통장

자동이체를 설정할 때는 월급날이 아니라 그 다음 날에 이체되도록 설정하는 것이 중요합니다. 잔액 부족으로 인한 이체 실패를 방지하기 위해 날짜 계산을 꼼꼼히 해야 해요.

② 고정생활비 통장: 예측 가능한 지출 한곳에서 관리

고정생활비 통장은 매월 고정적으로 지출되면서 금액의 변동성이 크지 않은 항목들을 관리하는 통장이에요. 월세, 관리비, 보험료, 통신비, 서비스 구독료, 대출 원리금 같은 것들이 여기에 포함됩니다.

가계부 통장에서 미리 계산한 고정생활비 총합만큼 자동이체되도록 설정하고, 각종 고정비가 이 통장에서 자동으로 빠져나가도록 연결하는 거예요. 대부분 돈이 들어온 후 빠른 시일 내에 출금되므로 계좌 종류 자체는 크게 중요하지 않습니다.

여기서 중요한 건 신용카드 사용 전략이에요. 고정생활비는 신용카드로, 변동생활비는 체크카드로 구분해서 사용하는 겁니다. 소비 패턴이 아직 자리 잡지 않은 사회초년생에게는 신용카드가 과소비를 유발할 수 있어 추천하지 않지만, 고정비만큼은 신용카드 혜택을 받는 게 유리하거든요. 이렇게 하면 신용카드 사용을 통한 신용점수 향상과 카드 혜택, 체크카드 사용을 통한 소비 절제를 일석삼조로 얻을 수 있어요.

신용카드 결제일은 월급날과 일정한 간격을 두고 설정하는 것이 좋습니다. 결제일을 월급날과 동일하게 지정하면, 월급이 1~2일만 지연돼도 연체될 위험이 있기 때문이에요. 그래서 결제일은 약간의 여유를 둬서 설정하는 것이 더 안전합니다.

보통은 결제일을 14일 전후로 설정하는 경우가 많은데, 이는 신용카드 청구 방식 때문입니다. 일반적으로 신용카드는 청구 마감일부터 결제일까지 약 14일 정도의 기간을 두는 경우가 많아요. 예를 들어, 매달 1일부터 말일까지 사용한 금액을 다음 달 14일에 청구하는 방식입니다. 다만 카드사마다 청구 및 결제 주기가 조금씩 다를 수 있으니, 사용 중인 카드사의 기준을 확인해 보는 것이 가장 정확해요.

그리고 고정생활비 중 일부 항목은 매월 동일하게 출금되지 않을 수 있어요. 겨울철 난방비나 교통비 같은 경우죠. 이런 상황에 대비해서 비상금 중 일부를 이 통장에 여유분으로 넣어두는 것도 좋은 방법입니다.

③ 변동생활비 통장: 지출 통제의 핵심

변동생활비 통장은 고정생활비 외의 모든 생활비가 출금되는 통장이에요. 식비, 여가비, 쇼핑비 등 내가 지출을 조절할 수 있는 대부분의 항목들이 여기에 해당하죠.

이 통장의 가장 중요한 원칙은 체크카드를 연결해 초과 지출을 방지하는 거예요. 변동생활비 통장에 40만 원이 있다면, 체크카드로 40만 원까지만 쓸 수 있어요. 물리적으로 더 쓸 수 없으니까 강제적인 지출 관리가 되는 거죠.

체크카드와 신용카드의 차이를 보면 이렇습니다. 체크카드는 통장 잔액까지만 사용할 수 있고 돈이 바로 빠져나가는 느낌이 들어서 과소비 위험이 낮아요. 반면 신용카드는 카드 한도까지 사용할 수 있고 '나중에 계산하면 되지' 하는 심리 때문에 과소비 위험이 높습니다. 그래서 변동생활비에는 체크카드가, 고정생활비에는 신용카드가 적합한 거예요.

기억하세요. 변동생활비 통장의 잔액이 곧 이번 달 쓸 수 있는 돈의 전부입니다.

통장을 선택할 때는 ATM(현금 자동 입출금기, Automated Teller Machine) 수수료가 무료이고 모바일 뱅킹이 편리한 곳을 고르는 게 좋아요.

④ 비상금 통장: 흔들리지 않는 안전망

비상금 통장은 예상치 못한 상황에 대비해 보관하는 돈을 관리하는 통장이에요. 갑작스러운 의료비, 실직으로 인한 소득 공백, 긴급 수리비, 가족 응급 상황 등에 사용할 수 있습니다.

대출을 갚고 있는 상황이라면 '차라리 대출을 갚는 게 낫지 않을까?' 하고 생각할 수 있지만, 비상금은 말 그대로 비상시에 사용하는 돈이니, 예측할 수 없는 지출에 대비한 별도 자금으로 분리해 두는 게 좋습니다.

비상금의 핵심은 접근성과 유동성이에요. 정말 급한 상황일 때는 1~2일도 기다리기 어려우니 ATM에서 바로 뽑을 수 있도록 당일에 현금화가 가능해야 해요. 동시에 원금은 절대 줄어들면 안 됩니다. 어느 정도 이자는 받을 수 있으면 좋겠죠.

이 통장의 가장 중요한 원칙은 수익률보다 '바로 출금이 가능한 계좌'여야 한다는 거예요. 추천하는 통장은 증권사 CMA나 은행 파킹통장입니다. CMA(자산 관리 계좌, Cash Management Account)는 연 3~4% 수익률에 즉시 출금이 가능하고 투자와도 바로 연결할 수 있어요. 파킹통장은 차를 잠시 주차(parking)하듯 돈을 은행에 잠시 보관하는 용도로 사용하는 통장을 말해요. 예금자보호가 되고 일정 조건에서 고금리를 제공합니다.

⑤ 투자 통장: 미래를 위한 성장 엔진

투자 통장은 가계부 통장에서 이체된 돈으로 다양한 투자 상품을 구매하는 용도의 통장이에요. 일종의 나만의 작은 투자회사라고 볼 수 있습니다.

투자 통장으로는 증권사 CMA가 가장 효율적입니다. 입출금이 자유롭고 다양한 투자 상품에 연결할 수 있거든요. 또 하루만 맡겨도 은행 예금보다 높은 이자를 줍니다. 다만 돈이 들어온 후 투자 상품을 매수하는 게 목적이므로, 수익률보다는 증권사의 수수료와 서비스 품질이 더 중요해요.

5통장 시스템을 성공적으로 운영하려면, 처음부터 완벽하게 세팅하려는 부담을 내려놓아야 합니다. 우선 시작하고 3개월 정도 적응하면서 조정해 나가세요. 완벽을 추구하다가 결국 미뤄버리면 무용지물이거든요.

통장 쪼개기는 한 번 설정해 두면 평생 써먹을 수 있는 시스템입니다. 소득이 늘어나도 같은 원리로 적용할 수 있고, 각 통장의 비율만 조정하면 되거든요. 습관의 힘으로 건전한 재무 관리가 평생 자산이 되는 거죠.

✦ SUMMARY

- 5통장 시스템은 1개의 허브 통장에서 4개의 전용 통장으로 자동 분배하는 구조예요.
- 통장마다 최적화된 카드와 상품을 연결해 효율성을 극대화하세요.
- 완벽한 설정보다는 우선 시작하고 3개월 정도 적응하면서 조정해 나가는 게 좋아요.

관리 부담이 적은
3통장 시스템 구축법

"5개 통장은 너무 복잡해요.
더 간단한 방법은 없나요?"

5통장 시스템이 복잡하다고 느끼는 분에게는 일부 통장을 통합해 관리하는 3통장 시스템을 추천합니다. 이 방법은 통장 쪼개기의 핵심 효과는 어느 정도 누리면서 관리 부담은 크게 줄일 수 있어, 초보자나 바쁜 직장인에게 적합해요. 3통장 시스템이 익숙해진 후 필요에 따라 5통장 시스템으로 확장할 수도 있어요.

3통장 시스템의 구조와 장점

3통장 시스템은 50%의 노력으로 5통장의 80% 효과를 얻을 수 있는 현실적 대안입니다. 관리 편의성은 3통장이 좋고, 세밀한 통제는 5통장이 좋습니다. 초보자 적합성은 3통장이, 장기적 효과는 5통장이 더 우수합니다.

| 3통장 시스템 |

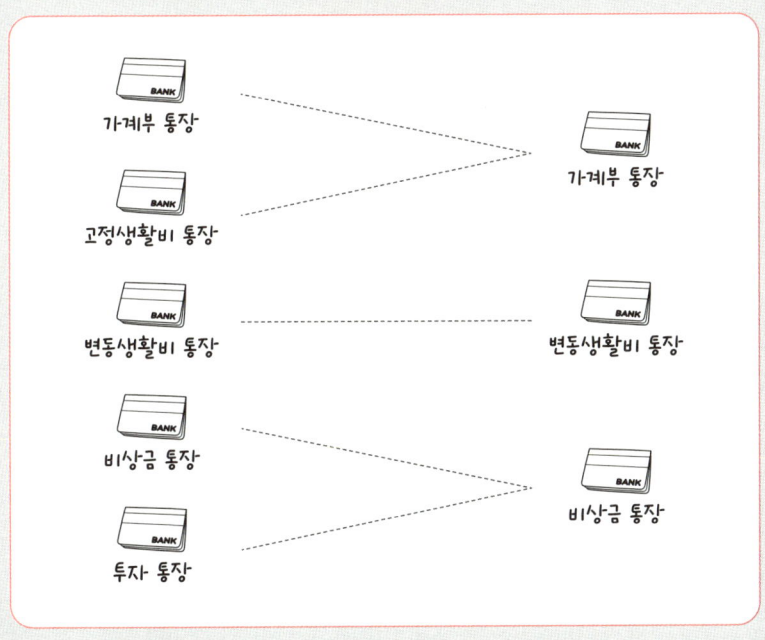

① 가계부 통장(월급 + 고정생활비): 허브와 고정비의 결합

첫 번째 통장은 월급과 고정생활비를 함께 관리하는 통장이에요. 월급이 들어온 후 고정비만 남기고 다른 2개 통장으로 정해둔 금액을 이체합니다. 고정비 납부 후에는 통장 잔액이 거의 0원이 되도록 설정하는 거예요.

이 방식의 장점은 관리가 매우 간단하다는 겁니다. 월급이 들어오면 변동생활비와 '비상금+투자금'만 다른 통장으로 보내면 되거든요.

② 변동생활비 통장: 핵심은 그대로

두 번째 통장은 5통장 시스템과 동일하게 변동생활비만을 관리하는 통장이에요. 이 통장만큼은 3통장 시스템에서도 절대 타협하면 안 됩니다. 다른 통장과 합치는 순간 '이번 달에는 좀 더 써도 되겠지?'라는 유혹에 빠지기 쉽거든요.

변동생활비는 '내가 조절할 수 있는 지출'이기 때문에, 통장을 독립적으로 둬야 지출을 시각적으로 확인하면서 소비를 절제할 수 있어요.

③ 비상금 통장(비상금 + 투자금): 자산 관리의 올인원

세 번째 통장은 비상금과 투자금을 함께 관리하는 통장이에요. 미리 정한 비상금 목표액은 항상 유지하고, 비상금을 넘어서는 금액은 모두 투자에 활용하는 방식입니다. 예를 들어 비상금 목표가 500만 원이라면 500만 원까지는 그대로 모으고, 그 이상 쌓이는 돈은 투자 상품 매수에 사용하는 거예요.

상황에 따라 비상금을 일부 줄이고 투자를 늘리는 조절도 가능해요. 처음에는 비상금 500만 원을 목표로 했지만, 소득이 늘고 안정성이 높아지면 '400만 원 정도만 비상금으로 두고 나머지는 투자해도 되겠다'라고 판단할 수 있어요. 이런 조정이 하나의 통장에서 자유롭게 가능합니다.

다만 주의할 점은 비상금과 투자금의 경계가 모호해질 수 있다는 거예요. 투자에서 손실이 생겼는데 '이것도 비상 상황이니까 비상금을 쓰자'라는 식으로 합리화할 위험이 있어요. 그래서 명확한 기준을 정해두는 것이 중요합니다.

이 통장은 반드시 증권사 CMA로 개설하는 것을 추천해요. 비상금 기능으로는 수시로 입출금이 가능하고 예금보다 높은 수익률을 제공하며, 투자 기능으로는 바로 주식이나 ETF 매수가 가능하거든요.

3통장 시스템 vs. 5통장 시스템

'통장 관리가 복잡하면 결국 포기할 것 같아요'라고 걱정하는 분들에게는 3통장 시스템이 훨씬 현실적이에요. 완벽한 시스템보다 지속 가능한 시스템이 더 중요하니까요.

솔직히 말하면, 3통장 시스템으로 시작하는 게 아예 시작하지 않는 것보다 100배 낫습니다. 세밀한 5통장 시스템을 계획만 하고 실행하지 않는 것보다, 간단한 3통장 시스템이라도 당장 시작하는 게 돈 관리 측면에서 훨씬 효과적이거든요.

'나는 복잡한 것을 싫어해'라고 생각하는 분은 3통장 시스템부터 시작해 보세요. 2~3개월 해보고 '어? 이거 생각보다 편하네?'라고 느끼면 그때 5통장 시스템으로 업그레이드하면 됩니다.

반대로 '나는 정확하게 관리하고 싶어'라고 생각하는 분은 처음부터 5통장 시스템을 도전해 보세요. 한 번 설정해 두면 그 이후로는 3통장보다 오히려 더 편할 수도 있어요.

| 3통장 시스템 vs. 5통장 시스템 |

구분	3통장 시스템	5통장 시스템
관리 난이도	쉬움	보통
현금흐름 파악	보통	매우 명확
초기 설정	간단	다소 복잡
추천 대상	간단한 시스템 선호	체계적 관리 선호

Do it! 실전 연습

쪼갠 통장에 자금 분배하기

5통장 시스템이든 3통장 시스템이든 통장을 쪼갰다면 이제 용도에 맞게 돈을 분배해야 합니다. 각각의 통장에 얼마를 넣어야 할까요? 이를 파악하기 위해 '현금흐름표'를 작성해 봅시다. 현금흐름표는 일정 기간 돈이 들어오고(유입), 나가는(유출) 것을 단순화해서 기록한 표예요.

| 현금흐름표 |

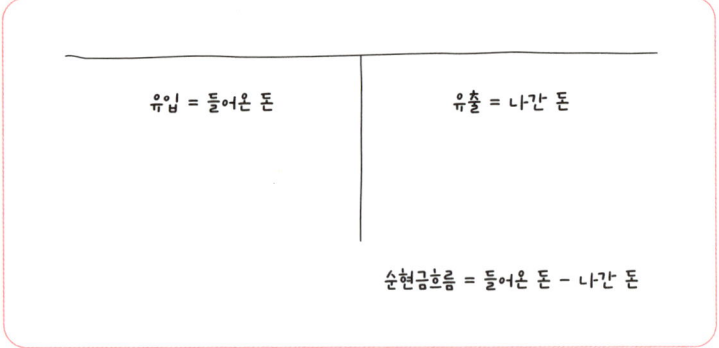

1단계: 현금흐름표 작성하기

현금흐름표는 한 달 동안 들어온 돈(유입)과 나간 돈(유출)을 적는 거예요. 이제부터 단계별로 하나씩 설명할게요.

① 자료 준비하기

최근 3~6개월 치의 카드 내역과 통장 내역을 준비하세요. 모든 내역을 완벽히 알 필요는 없지만 80% 이상은 파악해야 의미 있는 분석이 가능해요.

② 유입 분류하기

통장 내역을 보면서 들어온 돈을 다음 4가지로 분류해 보세요.

- **근로소득**: 일해서 받는 월급, 보너스, 야근 수당 등 '노동'의 대가로 받는 모든 돈
- **사업소득**: 프리랜서 수입, 부업 수입 등 '사업'을 통해 받는 돈
- **재산소득**: 예금 이자, 주식 배당금, 임대료 등 '자산'을 소유해서 받는 돈
- **기타소득**: 부모님 용돈, 경조사 축의금, 중고 거래 수입 등 일시적이고 불규칙적인 돈

③ 유출 분류하기

카드내역과 통장 내역을 보면서 나간 돈을 다음 3가지로 분류해 보세요.

- **저축 및 투자**: 현재 소비를 포기하고 미래를 위해 모으는 돈
  - 저축: 적금, 예금 등 원금이 보장되는 상품에 넣은 돈
  - 투자: 주식, 펀드 등 원금 손실 가능성이 있는 상품에 넣은 돈
- **고정지출**: 매달 비슷한 금액이 나가고 내가 쉽게 조절하기 어려운 지출(월세, 관리비, 대출 상환액, 보험료, 통신비, 공과금 등)
- **변동지출**: 매달 금액이 달라지고 내가 조절할 수 있는 지출
  - 소비지출: 나를 위한 지출(식비, 의류비, 여가비 등)
  - 비소비지출: 나를 위한 게 아닌 지출(경조사비, 기부금 등)

유입과 유출을 분류했다면, 이제 현금흐름표를 작성해 볼게요. 현금흐름표는 크게 2칸으로 나뉘는데, 유입은 왼쪽 칸에, 유출은 오른쪽 칸에 적으면 됩니다. 그리고 유입에서 유출을 뺀 걸 '순현금흐름'이라고 하는데, 이건 오른쪽 칸 가장 마지막에 적으면 됩니다.

중소기업에 재직 중인 27세 김자산 씨가 실제로 작성한 현금흐름표를 봐볼까요?

| 김자산 씨의 현금흐름표(2025년 5월) |

유입			유출		
구분	금액(만 원)	특이사항	구분	금액(만 원)	특이사항
근로소득	250		저축 및 투자	50	
월급	250	매월 25일	보통예금	50	불규칙적

사업소득	0			고정지출	125	
				월세	60	매월 1일
				관리비	8	매월 1일
				학자금대출 상환	12	매월 15일 (원금 10만 원, 이자 2만 원)
재산소득	0			실손의료보험	1	매월 20일
예금이자	0	미미한 수준		종신보험	15	매월 20일
				대중교통	8	일반카드, 혜택 없음
				휴대폰 요금	7	매월 10일
				전기·가스·수도	10	매월 말일
				OTT 4개	4	넷플릭스, 왓챠, 디즈니+, 티빙
기타소득	10			변동지출	85	
부모님 용돈	10	불규칙적		식비	47	외식 포함
				생활용품	9	편차 큰 편
				의류비	5	
				문화·여가비	12	
				경조사	5	친구 생일
				미확인 지출	7	
유입 소계	260			유출 소계	260	
				순현금흐름	0	

2단계: 돈의 유입 흐름 분석하기

① 정기성과 반복성 정도 확인하기

돈이 들어오는 패턴을 보면 그 사람의 재정 안정성을 알 수 있어요. 김자산 씨의 경우 월급이 전체 유입의 96%를 차지해서 재정 안정성이 매우 높습니다. 매월 25일에 정확히 250만 원이 들어오니까 유입이 예측 가능하죠. 이런 패턴이라면 장기적인 돈 계획을 세우기가 훨씬 수월해요.

반면 프리랜서라면 이달에는 300만 원, 다음 달에는 100만 원 이런 식으로 돈의 유입이 들쑥날쑥할 수 있어요. 이런 경우에는 평균 소득을 계산해서 적되, 소득이 가장 적은 달의 금액은 주석으로 기록해 두는 게 좋아요. 소득이 가장 적을 때를 염두에 두고 계획을 세워야 최악의 상황에도 흔들리지 않는 계획을 세울 수 있어요.

② 기타소득의 원인 파악하기

김자산 씨는 부모님께 가끔 용돈을 받아요. 이런 기타소득은 반드시 원인을 파악해야 해요. 지속될 수 있는 건지, 일시적인 건지 말이죠. 김자산 씨의 경우는 부모님이 가끔 보내주시는 용돈이라 규칙적인 유입은 아닙니다. 따라서 이 돈에 의존한 돈 계획을 세우면 안 돼요. 만약 부업으로 꾸준히 월 50만 원씩 들어온다면 이건 돈 계획에 포함할 수 있어요. 하지만 일시적인 보너스 같은 건 기타소득에 적되, 불규칙적이라는 걸 꼭 표시해 둬야 해요.

③ 소득원천의 다양화 고민하기

김자산 씨처럼 월급에 의존하는 구조는 사회초년생에게는 일반적이에요. 하지만 장기적으로는 소득원천을 다양화하는 것이 좋습니다. 다양한 원천이 있으면 하나의 원천에만 의존하는 것보다 상대적으로 안전하거든요.

3단계: 돈의 유출 흐름 분석하기

① 총유출 중 각 항목이 차지하는 비중 확인하기

김자산 씨의 이번 달 지출을 보면 월 소득 대비 저축 및 투자 19%, 고정지출 48%, 변동지출 33%로 나뉘어요. 월 소득 대비 저축 및 투자 비율이 적은 편이죠. 김자산 씨는 나름대로 돈을 모으려고 하지만, 문제는 '남으면 저축'하는 구조라는 거예요.

변동지출은 소비지출과 비소비지출을 구분해서 보는 것이 중요해요. 소비지출은 나의 복지 향상을 위한 지출(식비, 여가비 등)이고, 비소비지출은 나의 복지 향상과 직접적인 관련이 없는 지출(경조사비, 기부금 등)이에요. 소비지출과 비소비지출을 분류해 보면 나의 소비성향을 파악할 수 있어요.

② 미확인 지출 주의하기

만약 확인이 안 되는 지출이 있다면 돈 관리에 구멍이 있다는 점에서 주의해야 해요. 미확인 지출이 많다는 건 충동구매가 잦거나 소액 결제를 자주 한다는 뜻이에요. 편의점에서 음료수 하나, 지하철역에서 간식 하나 이런 식으로 쓰다 보면 그 작은 금액들이 모여 결국 꽤 큰 지출이 됩니다.

4단계: 순현금흐름 분석하기

순현금흐름은 들어온 돈에서 나간 돈을 뺀 거예요. 순현금흐름은 0원으로 떨어져야 합니다. 만약 0원이 아니라면 다음과 같이 점검해 보세요.

① **순현금흐름이 플러스인 경우 점검사항**
먼저 유입을 세후 금액으로 정확히 적었는지 확인하세요. 연봉 3,500만 원이라고 해서 월 291만 원으로 계산하면 안 되고, 실제 통장에 들어오는 250만 원을 기준으로 해야 해요.
　다음으로 누락된 유출이 없는지 점검하세요. 카드 대금 결제일과 작성 기준일의 차이 때문에 일부 지출이 다음 달로 넘어갔을 수도 있습니다.

② **순현금흐름이 마이너스인 경우 점검사항**
먼저 파악하지 못한 유입이 있는지 확인하세요. 불규칙적이거나 일시적으로 들어온 금액도 기록하고, 원인을 파악해야 해요.
　다음으로 지난달에 남은 현금을 사용했는지 확인해 보세요. 지난달에 변동생활비가 9만 원 남았는데 그 돈을 이번 달에 썼다면 순현금흐름은 마이너스가 날 수 있어요. 이런 경우 왜 지난달에 현금이 남았는지, 왜 현금으로 남겨뒀는지 생각해 봐야 해요. 계획성이 부족했던 건지, 갑작스러운 일정 변화 때문인지 파악하는 거죠.

만약 대출을 받았거나 적금을 해지해서 현금을 마련했다면 이것도 유입에 포함해야 해요. 그래야 정확한 현금흐름을 파악할 수 있거든요.

5단계: 5통장 시스템으로 적용하기

앞서 현금흐름표를 작성해 보면서 느꼈겠지만, 그간 통장 1개로 모든 돈을 관리하다 보니 작성하는 데 상당한 시간이 걸렸을 거예요. 카드 내역을 하나씩 확인하고, 어떤 지출이 고정생활비인지 변동생활비인지 구분하고, 언제 얼마가 나갈지 계산하는 과정이 생각보다 복잡하죠.

하지만 통장 쪼개기를 하면 이런 번거로움이 해결됩니다. 각 통장이 저절로 가계부 역할을 해주기 때문이에요.

김자산 씨의 통장 쪼개기

김자산 씨의 현금흐름을 5통장 시스템으로 재구성해 보면 다음과 같습니다. 월급 250만 원과 부모님 용돈 10만 원이 들어온 가계부 통장에서, 고정생활비 통장에 125만 원, 변동생활비 통장에 85만 원, 비상금 통장에 50만 원이 자동이체되는 구조예요.

이제 나의 소비를 점검하고 싶으면 고정생활비 통장과 변동생활비 통장만 보면 됩니다. 예를 들어 15일에 변동생활비 통장에 30만 원이 남아 있다면, '보름 동안 55만 원을 썼고, 앞으로 30만 원으로 보름을 더 살아야 한다'는 걸 즉시 알 수 있어요. 복잡한 계산이나 가계부 작성 없이도 현재 상황이 한눈에 보이는 거죠.

| 5통장 시스템 예시 |

구분	금액(만 원)	배정 통장	구분	금액(만 원)	배정 통장
근로소득	250	① 가계부 통장	고정생활비	125	② 고정생활비 통장
재산소득	0		변동생활비	85	③ 변동생활비 통장
기타소득	10		비상금	50	④ 비상금 통장
			투자	-	⑤ 투자 통장
유입 소계	260		유출 소계	260	
가계부 통장 잔액				0	목표 달성!

저자의 실제 사례: 부부 통장 쪼개기

저는 결혼을 했고 사회초년생도 아니에요. 그래서 여러분에게 설명한 것과는 조금 다르게 적용하고 있어요. 그러니 제 사례는 '이렇게도 적용할 수 있구나' 하는 맛보기 정도로 참고해 주세요.

저희 부부는 결혼 후 처음에는 각자 개인 용돈을 빼고 나머지를 저축 통장에 이체하는 2통장 시스템을 썼어요. 하지만 경조사비나 갑작스러운 지출이 생기면 금액이 변동되고, 통장 쪼개기를 한다고 하긴 했지만 제대로

된 가계부 역할을 하지 못했죠. '이번 달 왜 저축액이 적어졌지?' '경조사비는 어디서 났더라?' '각자 얼마씩 썼는지 파악이 어려워' 같은 문제들이 계속 발생했어요.

이런 불편함을 해결하기 위해 현금흐름 통장을 따로 만들었습니다. 현금흐름 통장은 각자의 가계부 통장을 합친 거라고 보면 돼요. 우리 부부의 월급을 모두 이 통장에 넣은 다음, 목적에 맞게 각 통장으로 이체하는 방식으로 바꾼 거죠. 이체할 때는 적요까지 철저하게 써요. '하정 9월 급여' '생활비 이체' '비상금 적립' 이런 식으로요.

현재는 카카오페이 자산 관리 기능을 활용해서 모든 통장을 연동해 두고 관리하고 있어요. 누가 얼마를 썼는지, 어디에 썼는지가 한눈에 보이거든요. 가장 큰 변화는 매달 가계부 작성 시간이 3시간에서 30분으로 대폭 단축됐다는 점이에요. 부부간 돈 관리 투명성도 크게 증대됐고, 서로에게 왜 금액이 다른지 설명해 줄 필요도 없어 관리가 훨씬 수월해졌어요.

CHAPTER 3

2단계:
생활비 최적화하기

월급의 얼마를 저축해야 할까?

*"저축에서 중요한 건
지속 가능한 실천이에요."*

통장 쪼개기를 통해 돈의 흐름을 이해했다면, 이제는 "얼마를 모아야 할까?"라는 핵심적인 질문에 답할 차례입니다. 돈 관리 계획의 첫 단계는 총소득 중 얼마를 저축으로 돌리고, 얼마를 생활비로 사용할지 결정하는 것이거든요. 이 결정은 다른 모든 재무 결정의 기초가 되므로 신중하게 접근해야 해요.

50%라는 구체적인
목표가 주는 마법

월 소득의 50% 이상을 모으는 것이 사회초년생에게 권장되는 비율이에요. 각자의 상황에 따라 이 비율이 적게 혹은 많게 느껴질 수 있지만, 이는 시작을 위한 기준으로 생각하면 됩니다.

> 월 저축액 ÷ 월 소득 × 100 = 50%

· 출처: 한국FPSB(Financial Planning Standards Board)

50%라는 구체적인 숫자가 있으면 실천력과 동기부여가 극대화돼요. "이번 달은 절약해야지"라는 추상적인 다짐과 "월급의 50%인 125만 원은 무조건 저축한다"라는 구체적인 목표는 완전히 다른 결과를 만들어내거든요.

① 선 저축, 후 소비: 성공하는 사람들의 공통점

50%라는 기준이 중요한 진짜 이유는 저축 먼저 하고 남은 금액으로 생활비를 조정하는 '선 저축, 후 소비' 방식을 강제하기 때문이에요.

잘못된 방식을 먼저 살펴볼게요. 대부분의 사람들은 한 달 생활하고 남는 돈이 있으면 저축하려고 해요. 선 소비, 후 저축 방식이죠. 이렇게 하면 거의 남지 않아요. 결과적으로 "남는 게 없네…" 하며 저축을 포기하게 되고, 심리적으로도 저축은 덤 정도로 생각하게 됩니다.

반면 성공하는 사람들은 거꾸로 합니다. 월급을 받자마자 저축할 돈부터 먼저 떼어두고, 남은 돈으로 생활해요. 선 저축, 후 소비 방식이죠. 이렇게 하면 125만 원은 무조건 모으고 시작하게 되고, 심리적으로도 저축이 우선순위가 돼요.

이런 구조적 변화가 가져오는 효과는 놀라워요. 선 저축, 후 소비를 실천하면 자연스럽게 생활비 한도가 정해지고, 그 범위 내에서 효율적으로 생활하게 됩니다. '125만 원은 이미 모았으니까 나머지 125만 원으로 어떻게 잘 살아볼까?'라는 마음가짐으로 바뀌는 거예요. 이는 단순한 절약이 아니라 효율적인 생활 설계로 이어집니다.

② 월 소득: 통장에 찍히는 돈

50% 저축을 실현하려면 먼저 정확한 월 소득을 파악해야 해요. 여기서 중요한 건 세전 소득과 세후 소득을 구분하는 거예요. 월

소득은 통장에 찍힌 숫자, 즉 실제로 내가 받는 돈을 기준으로 계산해야 합니다.

예를 들어 연봉이 세전 3,500만 원이라면 12개월로 나눴을 때 월 291만 원이지만, 4대보험료와 세금을 차감하면 실제로 통장에 들어오는 돈은 250만 원 정도예요. 따라서 저축 계획을 세울 때는 월 소득을 291만 원이 아닌, 실수령액 250만 원으로 계산해야 합니다.

월급 이외에도 주말 아르바이트, 부모님 용돈 등 부수적으로 꾸준히 들어오는 수입이나 정기적으로 발생하는 용돈이 있다면, 평균적으로 월 얼마인지 계산해 포함시키는 것이 좋습니다. 다만 보너스처럼 일시적이거나 불확실한 수입은 제외하고 계산하는 게 안전해요.

정확한 월 소득 계산법

1. 세전 연봉과 실수령액의 차이 확인하기
2. 최근 3개월 실수령액 평균 계산하기
3. 정기적인 부수입(용돈, 아르바이트 등) 월평균 계산하기
4. 상여금이 있다면 12개월로 나눠 월평균에 포함하기

현실적인
비율 조정법

솔직히 말하면 서울에서 자취하는 사회초년생이 소득의 50%를 저축하는 건 정말 어려워요. 월급 250만 원에서 50%를 저축하고 남는 돈이 125만 원인데, 서울 월세가 관리비 포함해서 대략 70만~80만 원이니까 나머지 45만~55만 원으로 식비, 생활용품, 교통비 등을 충당하기는 빠듯하죠.

이런 상황에서 억지로 50% 비율을 지키려고 하면 오히려 돈 관리를 포기하게 돼요. 그래서 현실적인 조정이 필요해요.

수정된 저축률 공식은 이렇습니다.

> (월 소득 - 최소 생존비용) × 80% = 월 저축액

월 소득에서 최소 생존비용을 뺀 금액의 80%를 저축하는 방식은 현실적인 재무 관리 전략 중 하나입니다. 예를 들어 생존을 위한 최소 생활비가 150만 원이라고 가정하면, 월 소득 250만 원에서 이를 제외한 100만 원이 저축 가능 금액이 됩니다. 이 금액의 80%에 해당하는 80만 원을 매달 저축하는 것부터 시작하는 거예

요. 이 경우 저축률은 약 32%(월 소득 250만 원 대비 저축액 80만 원의 비율)에 해당합니다. 처음부터 50% 저축이 어렵더라도 불가능하다고 포기하는 것보다, 이렇게 자신의 상황에 맞춰 시작해 점진적으로 조정하는 것이 훨씬 현실적이고 지속 가능한 접근입니다.

중요한 건 완벽한 계획보다 지속 가능한 실천입니다. 처음에는 32%만 저축하더라도, 소득이 늘고 생활이 안정되면 자연스럽게 비율을 높일 수 있어요. 월급이 250만 원에서 280만 원으로 늘었을 때, 생활비는 그대로 두고 늘어난 30만 원을 모두 저축에 돌리면, 저축액은 110만 원(기존 저축액 80만 원에 30만 원을 더한 금액)이 되고, 저축률은 39%(월 소득 280만 원 대비 저축액 110만 원의 비율)로 올라갑니다.

개인 상황에 따른 세부 조정도 필요합니다. 저축률을 높여야 하는 경우는 부모님에게 경제적 지원을 받고 있거나, 회사 기숙사 거주 등으로 주거비 부담이 없거나, 특별한 목표가 있는 경우입니다. 반대로 저축률을 낮춰야 하는 경우는 주거비 부담이 매우 크거나, 건강상 이유로 의료비 지출 많은 경우예요.

너무 낮은 저축률은 미래에 대한 불안과 장기적 재무 리스크를 높일 수 있고, 반대로 지나치게 높은 저축률은 생활의 질 하락과 과도한 스트레스로 인해 빠른 포기로 이어질 가능성이 있다는 점을 기억하세요. 결국 자신의 생활 여건과 목표에 맞게 조정하되, 중장기적으로는 '월 소득의 50% 저축'이라는 기준점을 목표로 설정해 관리해 나가는 것이 가장 효과적입니다.

절약이 투자보다 확실한 이유

많은 사람들이 간과하는 사실이 하나 있어요. 지출 절감은 세금이 부과되지 않고 원금 손실 위험이 없는 가장 안전한 투자 방법이라는 점이에요. 특히 사회초년생처럼 투자할 원금이 많지 않은 상황에서는 지출 관리가 투자보다 훨씬 큰 효과를 낼 수 있어요.

구체적인 비교를 해볼게요. 만약 투자로 연 120만 원의 세후 수익을 얻으려면 원금이 얼마나 필요할까요? 연 10% 수익률을 가정하면 약 1,400만 원이 필요해요. 세전 수익 약 140만 원에서 세금 15.4%가 빠지거든요. 게다가 원금 손실 위험도 있죠.

하지만 월 10만 원 절약은 어떨까요? 지금 당장 가능하고 100% 확실한 수익이에요. 필요한 원금은 0원이고, 세금도 0원이며, 원금 손실 위험도 없어요. 무엇보다 바로 다음 달부터 효과가 있습니다.

불필요한 지출을 줄이는 것은 투자 수익률을 높이는 것보다 더 확실한 자산 증식 방법입니다. 물론 극단적인 절약으로 삶의 질을 떨어뜨리자는 이야기는 아니에요. 스스로 중요하다고 생각하는 지출은 유지하되, 별로 중요하지 않은 지출을 찾아서 줄이는 거죠.

✦ SUMMARY

- 구체적인 저축률 목표가 막연한 다짐보다 훨씬 효과적이에요.
- 불가능하다면 현실적인 범위에서 시작해서 점진적으로 늘려가세요.
- 지출 절감은 가장 안전하고 확실한 투자 효과를 가져다 줘요.

무작정 아끼지 말고 똑똑하게 아끼자

"삶의 질은 유지하면서
지출은 줄이는 노하우를 준비했어요."

50% 저축이라는 목표를 달성하기 위해 불필요한 지출을 줄이는 생활비 최적화 전략이 필요해요. 무작정 지출을 줄이는 것이 아니라, 체계적인 분석과 전략적 접근을 통해 생활의 질은 유지하면서 지출을 최적화하는 방법을 알아봐야 하죠. '어디서 얼마나 어떻게 줄일지' 명확히 알아야 지속 가능한 절약이 가능해요.

많은 사람이 절약을 시도할 때 가장 큰 실수를 하는 지점이 바로 이거예요. 현재 상황을 정확히 파악하지 않고 막연하게 '덜 쓰자' 하며 시작하는 거죠. 이렇게 하면 금방 포기하게 돼요. 성공적인 생활비 최적화는 반드시 현재 상황 파악부터 시작해야 합니다.

지출 패턴 분석: 내가 어디에 돈을 쓰는지 정확히 알기

효과적인 지출 절감을 위해서는 먼저 현재 상황을 정확히 파악해야 해요. 3~6개월 치 금융 데이터를 분석해 나의 소비 패턴을 객관적으로 들여다보는 거예요. '대충 얼마 쓰는지 안다'라고 생각할 수 있지만, 실제로 계산해 보면 예상과 다른 경우가 대부분입니다.

왜 3~6개월 데이터가 필요할까요? 1개월만으로는 특별한 지출이 섞여서 정확하지 않을 수 있어요. 결혼식 축의금이나 여행비 같은 일시적 지출이 포함되면 평상시 패턴을 왜곡시키거든요. 충분한 기간의 데이터를 봐야 평균적인 소비 패턴을 찾을 수 있습니다.

지출을 분석할 때는 크게 2가지로 구분해 보세요. 내 의지에 따라 줄이기 어렵고 매달 비슷한 금액이 지출되는 항목은 고정생활비, 그 밖의 항목은 변동생활비로 나누는 거예요. 고정생활비에는 월세, 관리비, 대중교통비, 보험료, 통신비, 구독 서비스, 대출 상환이 포함되고, 변동생활비에는 식비, 여가비, 쇼핑, 기타 지출이 들어가요.

그다음 현재 지출액과 목표 지출액과의 차이를 확인해야 해요. 예를 들어 목표 지출액은 125만 원인데 현재 지출액이 150만 원이라면 이제 이 25만 원을 어디서 줄일지 전략을 세워야 합니다.

변동생활비 최적화: 가성비 낮은 항목부터 과감하게 줄이기

내가 조절할 수 있는 영역인 변동생활비는 최적화의 핵심이에요. 여기서 중요한 건 '내 지출 패턴을 객관적으로 보는 것'입니다. 3~6개월 치 통장 내역과 카드 내역을 살펴보면서 말이죠. 귀찮을 수 있지만 딱 한 번만 해도 내가 어디에 가장 많이 쓰는지 확실히 감이 와요.

그다음 불필요한 소비 항목을 발견하면 '이 부분은 조금 줄여서, 대신 더 가치 있는 곳에 쓸 수 있지 않을까?'를 고민해야 해요. 그래야 진짜 소중한 곳에만 소비할 수 있으니까요.

① 식비 최적화 전략

가장 큰 변동비 항목 중 하나인 식비부터 살펴보세요. 현재 상황을 파악할 때는 외식비, 배달 음식비, 식재료비, 카페 및 음료비를 각각 월평균으로 계산해 보는 거예요.

　스마트한 절약법은 완전 금지가 아니라 빈도 조절이에요. 외식을 아예 안 하는 게 아니라 주 3회에서 주 1회로 줄이는 거죠. 대체재도 적극 활용해 보세요. 비싼 커피전문점을 가는 대신 좀 더 저렴한 커피로 대체하고, 배달 음식을 간편식으로 바꾸는 식으로요. 집에서 요리하는 횟수도 점진적으로 늘려보세요. 갑자기 매일 해 먹으려고 하면 스트레스받으니까 주 3회 요리하기 정도부터 시작하는 거예요.

② 여가비 재조정 전략

행복은 유지하면서 지출만 줄이는 방법을 찾아보세요. 영화나 공연, 술자리나 취미 활동에 월평균 얼마를 쓰는지 파악하고, 영화 할인 카드, 쿠폰 앱 등 할인 혜택을 적극 활용하는 거죠. 대안도 찾아보세요. 책을 사서 읽는 대신 도서관에 가서 빌려보는 거예요. ==중요한 건 완전히 포기하는 게 아니라 더 경제적인 방법으로 같은 만족을 얻는 거예요.==

③ 쇼핑 습관 개선 전략

현재 의류와 신발, 화장품, 생활용품에 월평균 얼마를 쓰는지 파악하고, 24시간 규칙을 적용해 보세요. 사고 싶은 게 생기면 하루 기다리는 거예요. 충동구매를 줄이고 계획적 소비로 전환하는 게 핵심이에요.

필요성도 점검해 보세요. '진짜 필요한가? 기존 것으로 대체 불가능한가?'를 스스로에게 물어보는 거죠. 꼭 필요한 것만 세일 시기에 구매하는 것도 좋은 방법이에요.

고정생활비 재검토: 한 번 줄이면 계속 효과 나는 고효율 절약

고정생활비가 지나치게 크면 저축할 수 있는 여력이 줄어들어요. 그만큼 고정생활비는 한 번 조정하면 지속적인 효과가 있어 효율적이기도 하죠.

① 주거비 최적화

주거비는 월 소득의 25%를 넘지 않는 것이 이상적이에요. 현재 상황을 체크할 때는 월세와 관리비가 월 소득의 몇 퍼센트인지, 현재 거주지가 직장과의 거리 대비 적정한지, 혼자 살기에는 과도하게 큰 공간은 아닌지 확인해 보세요.

주거비가 월 소득에 비해 많으면 이사를 고려해야 해요. 당장은 어렵더라도 다음 이사 때 나에게 맞는 조건의 집으로 가는 거죠. 룸메이트를 고려하는 것도 방법이에요. 주거비는 가장 큰 고정비이므로 10만 원만 줄여도 연간 120만 원의 절약 효과가 있어요.

② 통신비 재검토

실사용량 대비 현재 요금제가 적절한지 확인해 보세요. 매월 데이터를 몇 GB 사용하는지, 정말 무제한 통화가 필요한지, 사용하지 않는 부가서비스는 없는지 점검해 보는 거예요. 알뜰폰으로 전환하면 동일한 조건에서도 통신비가 30~50% 절약되고, 가족결합 상품을 활용하거나 불필요한 부가서비스를 해지하는 것만으로도 월 2만~3만 원은 줄일 수 있어요.

③ 교통비 혜택 카드 활용

교통비도 전략적으로 접근하면 월 수만 원을 절약할 수 있어요. 정부와 지자체에서 제공하는 교통비 할인 카드를 적극 활용해 보세요. 교통비는 거의 매일 사용하는 고정지출이라서 절약 효과를 크게 체감할 수 있어요.

서울 내에서 이동이 많으면 기후동행카드가 유용해요. 청년은 월 5만 5,000원으로 서울 지역 대중교통을 무제한 이용할 수 있어요. 하루 2회 이상 이용한다면 일반 요금보다 훨씬 저렴합니다.

반면, 경기도·인천 거주자이거나 전국적으로 이동이 많다면 K-패스 계열 카드가 유리해요. 이용 금액의 20~30%를 환급받을 수 있고 월 최대 60회까지 적용이 가능합니다.

2026년에는 정액패스 제도가 새롭게 도입될 예정이에요. 기후동행카드와 비슷한 수준의 요금으로 전국의 버스와 지하철을 모두 이용할 수 있다는 점이 특징이에요. 다만 기후동행카드는 무제한이지만 정액패스는 월 최대 20만 원 한도가 있다고 하니, 어떤 카드가 나에게 유리할지 확인해 보세요.

④ 구독 서비스 정리

의외로 많은 사람들이 사용하지 않는 구독 서비스에 꾸준히 돈을 내고 있어요. 영상 스트리밍(넷플릭스, 왓챠, 디즈니플러스), 음악 스트리밍(멜론, 지니, 애플뮤직), 기타 서비스(유튜브 프리미엄, 클라우드 저장소) 등 전체 구독 상품을 리스트업해 보세요.

그다음 겹치는 서비스끼리 묶고 불필요한 게 있는지 살펴보세요. 넷플릭스와 왓챠를 둘 다 봐야 하는지 검토해 보는 거죠. 지인과 함께 공유 멤버십을 활용하거나 필요할 때만 월 단위로 이용하는 방법도 있어요. 보고 싶은 드라마가 있을 때만 구독해 시청하고 해지하는 식으로요.

핀테크 활용하기

카드와 통장 내역을 일일이 정리하는 건 정말 번거로운 일이에요. 다행히 요즘은 토스나 뱅크샐러드 같은 자산 관리 앱을 통해 쉽게 분석할 수 있어요. 자산 연동 기능이 있거든요.

먼저 모든 자산 내역을 연동해 보세요. 은행 계좌, 신용카드, 체크카드, 증권 계좌, 보험 계좌, 대출 내역 등 모든 자산을 연동한 후, 가계부 탭에서 지출 내역을 살펴볼 수 있습니다.

그다음 지출을 알맞은 카테고리로 설정해 주세요. 기억이 잘 나지 않는 내역이 있을 수 있지만 최대한 기억을 더듬어야 합니다. '이게 뭐였지?' 하는 항목들이 생각보다 많을 텐데, 이런 것들이 바로 불필요한 지출의 신호일 수 있어요.

| 핀테크 이용 예시 |

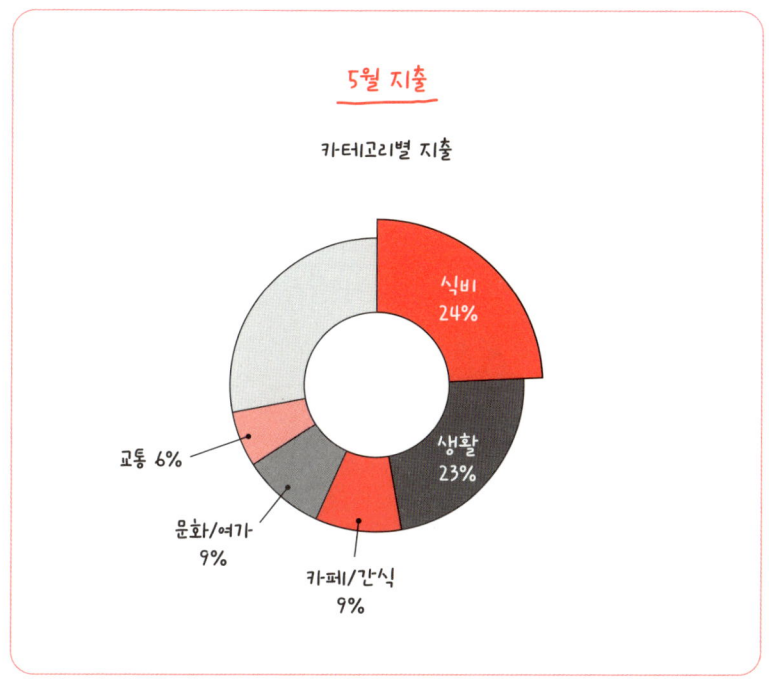

그다음 최근 3~6개월간 소비 내역을 파악해 보세요. 내 소비 패턴을 확인할 수 있을 정도의 기간만 통계를 내보면 됩니다. 너무 오래된 데이터는 현재 패턴과 다를 수 있으니까요.

중요한 건 완벽한 분석이 아니라 '패턴 파악'이에요. 너무 디테일하게 하려다 보면 오히려 포기하게 되니까, 큰 틀에서 어디에 얼마나 쓰는지만 파악하면 충분해요.

생활비 최적화에서 가장 중요한 건 지속 가능성이에요. 급격한 변화보다는 조금씩 개선하는 점진적 접근법이 장기적으로 더 효과적입니다. 한두 달 실천하면서 과하거나 부족한 부분을 보정해가면, 2~3개월 후에는 스트레스 없이 지속할 수 있는 나만의 균형점을 찾게 될 거예요.

절약은 목적이 아니라 수단입니다. 50% 저축을 달성해서 미래의 자유와 선택권을 확보하는 것이 진짜 목적이죠. 그 과정에서 현재의 삶을 너무 피폐하게 만들면 안 돼요. 최적화의 목표는 '덜 쓰기'가 아니라 '잘 쓰기'거든요. 같은 만족을 더 적은 비용으로 얻거나, 같은 비용으로 더 큰 만족을 얻는 방향으로 접근해야 합니다. 현재와 미래의 균형을 맞춰가면서, 지속 가능한 방식으로 목표를 달성해 나가는 것이 가장 중요해요.

✦ SUMMARY

- 현재 상황을 정확히 알아야 현실적인 계획을 세울 수 있어요.
- 현재의 삶을 위해 무작정 줄이지 말고 가성비 분석 후 전략적으로 접근하세요.
- 고정생활비는 한 번 조정하면 지속적인 효과가 있어서 투자 대비 효율이 높아요.

연말정산 완전 정복: 신용카드와 체크카드 똑똑하게 활용하기

"신용카드와 체크카드를 똑똑하게 쓰면
세금을 아낄 수 있어요."

매년 2월마다 직장인들을 괴롭히는 것이 있어요. 바로 연말정산이에요. 챙길 것도 많고, 결과에 따라 돈을 돌려받을 수도, 더 낼 수도 있으니까 신경이 쓰일 수밖에 없죠.

이때 신용카드와 체크카드를 전략적으로 사용하면 세금 절감과 카드 혜택을 동시에 챙길 수 있습니다. 어차피 필요한 소비라면, 그 지출을 조금 더 똑똑하게 사용하는 편이 좋겠죠?

소득공제의
기본 원리 이해하기

우선 소득공제가 뭔지 쉽게 설명해 드릴게요. 대한민국 국민은 소득이 발생하면 그 소득에 대해 세금을 내야 합니다. 소득공제란 이 소득에서 일정 금액을 빼서, 그 부분에 대해서는 세금을 매기지 않는 제도입니다. 쉽게 말해, 1년 동안 번 돈 중에서 "이만큼은 세금을 내지 않아도 됩니다"라고 국가가 인정해 주는 금액이라고 볼 수 있어요. 그리고 총소득에서 소득공제를 제외한 나머지 금액, 즉 세금이 부과되는 소득은 과세표준이라고 해요.

| 소득공제 이해 |

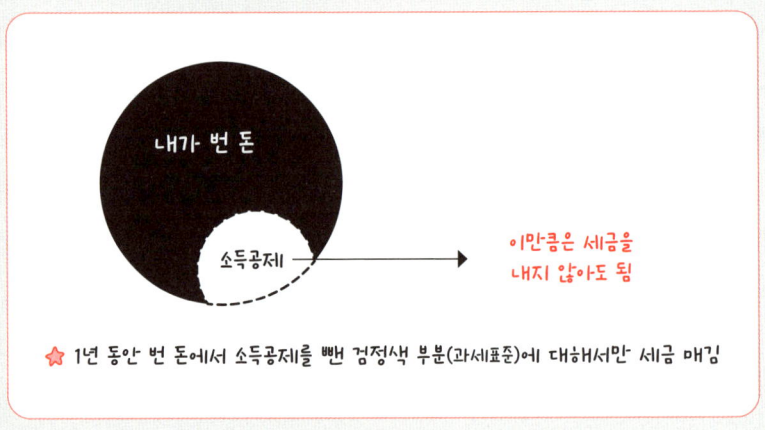

소득공제 과정을 숫자로 보면 소득공제가 왜 중요한지 더 잘 이해할 수 있어요. 세금이 생각보다 많이 줄거든요.

| 숫자로 보는 소득공제 실제 효과 |

구분	소득공제 전	소득공제 후
근로소득금액	3,000만 원	3,000만 원
소득공제	0원	300만 원
과세표준	3,000만 원	2,700만 원
세금(16.5%기준)	495만 원	445만 5,000원
절세 효과	-	49만 5,000원

카드 소득공제의 핵심 조건 3가지

카드 소득공제를 잘 활용하는 3가지 방법을 알려드릴게요.

① 연 소득의 25%를 초과한 금액부터 공제된다

연간 카드 사용액 중 연봉의 25%를 초과한 부분만 카드 소득공제 대상입니다. 예를 들어 연봉이 4,000만 원이고 1,500만 원을 소비했다면, 연봉의 25%인 1,000만 원을 초과한 금액, 즉 500만 원에 공제율을 곱한 값이 소득공제 금액이 되는 거예요.

쉽게 말해서 일정 금액까지는 '기본 생활비'라고 보고 소득공제를 안 해주는 겁니다. 그 이상 쓴 돈에 대해서만 '추가로 경제활동에 기여했다'라고 인정해서 소득공제를 해주는 방식이에요.

② 결제 수단과 사용처에 따라 공제율이 다르게 적용된다

신용카드, 체크카드, 현금영수증 등 결제 수단에 따라 공제율이 달라집니다. 그리고 어디서 결제했는지 사용처에 따라서도 공제율이 달라져요.

구체적으로 살펴볼게요. 연 소득의 25%를 넘는 초과분에 공제율을 곱한 금액을 '기본공제'라고 해요. 신용카드 사용 건은 15%, 체크카드나 현금영수증 사용 건은 30%의 공제율이 적용됩니다.

기본공제가 있으면 '추가공제'도 있겠죠? 추가공제는 사용처에 따라 공제를 더 해주는 혜택이에요. 전통시장, 대중교통, 문화비(도서·공연·박물관·미술관 등) 총 3가지 항목에 적용됩니다. 전통시장과 대중교통은 40%, 문화비는 30% 공제받을 수 있어요. 단, 문화비 혜택은 연봉이 7,000만 원 이하인 직장인에게만 적용됩니다.

③ 연간 최대 600만 원까지만 공제된다

아무리 많이 써도 연간 최대 600만 원까지만 소득공제가 가능합니다. 한도는 내가 얼마를 벌었는지, 어디에 소비를 많이 했는지에 따라서 달라져요.

참고로 2026년 세법 개정안으로는 자녀가 1명인 경우 50만 원, 2명 이상은 100만 원 추가 공제해 주는 것으로 추진하고 있다고 해요(연봉 7,000만 원 초과 근로자는 자녀당 25만 원(최대 50만 원)).

정리하면 연봉이 7,000만 원 이하인 직장인을 기준으로 카드 소득공제 한도는 아래 표와 같습니다.

구분		연봉 7,000만 원 이하 직장인	
		공제율	한도
기본공제	신용카드	15%	300만 원
	체크카드, 현금영수증	30%	
추가공제	전통시장	40%	300만 원
	대중교통	40%	
	문화비	30%	
최대 공제 한도		600만 원	

정리하면 신용카드는 카드사에서 제공하는 포인트나 할인 혜

택이 있지만 공제율이 낮고, 체크카드와 현금영수증은 혜택이 적지만 공제율이 높습니다. 추가공제는 결제 수단과 상관없이 받을 수 있는 혜택이에요.

소득공제는 연간 최대 600만 원까지 받을 수 있지만, 결제 수단과 사용처마다 공제율이 다르고 최대한도가 정해져 있어, 단순히 많이 쓴다고 공제를 많이 받을 수 있는 게 아니에요. 따라서 이를 전략적으로 잘 계산해서 사용해야 절세 효과를 가장 크게 누릴 수 있습니다.

연말정산을 위한
카드 사용 전략

연말정산 혜택을 최대화하는 황금 공식은 소득의 25%까지는 신용카드를 사용하고, 그 이후부터는 체크카드를 사용하는 거예요. 이렇게 하면 신용카드로는 포인트나 할인 혜택을 받고, 체크카드로는 높은 소득공제율을 적용받을 수 있어요.

예를 들어 연봉 4,000만 원인 사람이 연간 1,900만 원을 소비한다면 이렇게 전략을 세우면 됩니다. 1,000만 원(25%)까지는 신용카드를 사용해서 포인트 적립이나 할인 혜택을 최대한 받고, 나머지 900만 원은 체크카드를 사용해서 높은 소득공제율을 적용받는 거죠.

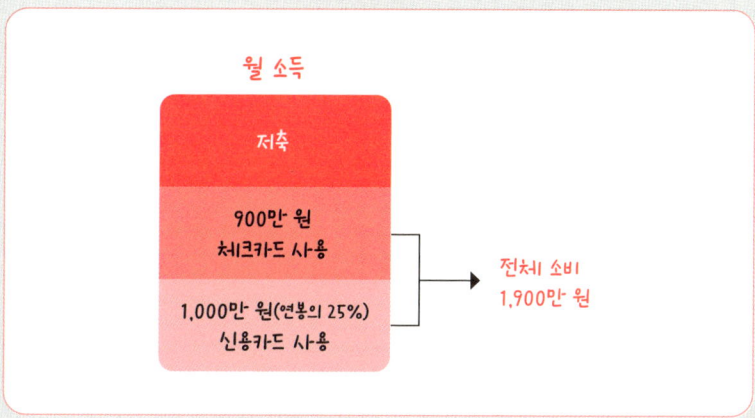

구체적인 소득공제 효과를 계산해 볼게요.

- 25% 기준액: 1,000만 원
- 소득공제 대상: 900만 원(1,900만 원 - 1,000만 원)
- 소득공제액: 270만 원(900만 원 x 30%)
- 절세 효과(16.5% 세율 기준): 약 44만 원(270만 원 x 16.5%)

만약 이 전략을 쓰지 않고 모든 것을 신용카드로만 결제했다면 소득공제액은 900만 원의 15%(신용카드 공제율)인 135만 원이 되고, 절세 효과는 약 22만 원에 그쳤을 거예요.

주의할 점 3가지

카드 소득공제에도 몇 가지 주의할 점이 있어요. 먼저 모든 업종에서 소득공제가 되는 것은 아니에요. 보험료, 공과금, 상품권 구입, 기부금 등 일부 사용처는 소득공제에서 제외됩니다. 이런 곳에서는 아무리 카드를 써도 소득공제 혜택을 받을 수 없어요.

　두 번째로 소득공제를 위해 더 소비할 필요는 없어요. 절세하려다가 더 많이 쓰면 본말이 전도되겠죠. 어차피 쓸 돈을 어떤 카드로 쓰느냐의 문제로 접근해야 합니다. '소득공제를 위해서'라며 불필요한 소비를 늘리면 오히려 손해예요.

　세 번째로 소득공제와 세액공제의 차이를 혼동하지 마세요. '소득공제 300만 원'이 '세금 300만 원 절약'을 의미하는 건 아니에요. 소득공제는 세금을 매기는 기준금액(과세표준)을 줄여주는 것이고, 실제 이득은 거기에 본인의 세율을 곱한 만큼만 나타납니다.

연말이 되면 카드사나 국세청 홈택스에서 연간 사용 내역을 확인할 수 있어요. 25% 기준을 넘었는지, 어떤 카드로 얼마나 썼는지 체크해서 다음 해 전략을 수정할 수 있습니다.

카드 소득공제는 복잡해 보이지만 전략만 이해하면 매년 상당한 절세 효과를 볼 수 있는 좋은 제도예요. 어차피 써야 하는 돈으로 세금까지 아낄 수 있으니까, 똑똑하게 활용하길 바라요. 작은 관심과 실천이 연간 수십만 원의 차이를 만들어낼 수 있습니다.

Do it! 실전 연습

재무상태표로 내 자산과 부채 한눈에 보기

현금흐름표로 돈의 흐름을 파악했다면, 이번에는 재무상태표를 만들어야 합니다. 현금흐름표가 일정 기간(예: 2025년 5월 1일부터 5월 31일까지) 동안 돈이 어떻게 들어오고 나갔는지를 보여준다면, 재무상태표는 특정 시점(예: 2025년 5월 31일)에 내가 무엇을 얼마나 가지고 있고, 얼마를 빚지고 있는지를 보여주는 표예요.

마치 은행 잔고를 확인하는 것처럼, 지금 이 순간 내가 가진 모든 것과 빚진 모든 것을 한 장의 표에 정리하는 거죠. 현금흐름표로 돈의 움직임을 파악했으니, 이제 재무상태표로 현재 내 재정 상태가 어떤지 정확히 파악해 볼게요.

재무상태표 작성 방법

| 재무상태표 |

```
자산 = 내가 가진 모든 것        부채 = 내가 빚진 모든 것


                               순자산(자산-부채)
                               = 진짜 내가 가진 것
```

재무상태표는 현재 내가 가진 것(자산)과 내가 빚진 것(부채)을 적는 거예요. 크게 2칸으로 나누어서 왼쪽 칸에는 자산, 오른쪽 칸에는 부채, 그리고 오른쪽 칸 가장 마지막에는 순자산을 적으면 됩니다. 순자산은 자산에서 부채를 뺀 것을 말해요.

> 자산 = 부채 + 순자산

자산은 부채와 순자산의 합이기 때문에 만약 왼쪽과 오른쪽 숫자가 다르다면 "어? 뭔가 빠뜨린 게 있나?" 하고 다시 확인해 봐야 해요. 가계부를 쓸 때 수입과 지출이 안 맞으면 어디서 실수했는지 찾는 것과 같아요.

자산 vs. 부채 vs. 순자산

1. 자산의 5가지 분류
① 현금성자산: 지금 당장 쓸 수 있는 돈
현금, 보통예금, CMA, 파킹통장처럼 언제든 바로 꺼내서 쓸 수 있는 돈이에요. "오늘 당장 100만 원이 필요해!" 하는 순간에 쓸 수 있는 돈입니다.

② 저축성자산: 기다려야 하지만 확실한 이자를 주는 돈
정기예금, 적금 등이 여기에 해당해요. 현금성자산과 비슷하지만 '만기까지 기다려야 한다'라는 조건이 있죠. 대신 확실한 이자를 통해 안전하게 돈을 불릴 수 있어요.

③ 투자자산: 위험하지만 큰 수익을 노릴 수 있는 돈
주식, 채권, 펀드처럼 원금을 잃을 수도 있지만 저축보다 훨씬 큰 수익을 기대할 수 있는 돈이에요.

④ 사용자산: 생활을 영위하기 위해 필요한 것
살고 있는 집, 전세보증금, 자동차처럼 생활에 필요해 사용하는 돈이나 물건이에요.

⑤ 기타자산: 애매하지만 분명히 내 것인 것
퇴직금 예상액이나 보험을 해지할 때 받을 수 있는 해지환급금처럼, 위 4가지에 딱 들어맞지 않지만 분명히 내 자산인 것이에요. "이건 어디에 적지?" 할 때 여기에 적으면 됩니다.

2. 부채의 2가지 분류

① 단기부채: 1년 이내에 갚아야 하는 급한 빚
신용카드 미결제금, 단기 대출처럼 '빨리 갚아야 하는 돈'이에요. 당장 갚지 않으면 큰 손해를 보는 빚이에요.

② 장기부채: 1년 이후에 갚으면 되는 여유로운 빚
학자금대출, 전세자금대출, 주택담보대출처럼 '천천히 갚아도 되는 돈'이에요. 비교적 이자율이 낮고 상환기간이 긴 빚이에요.

3. 순자산

내가 가진 모든 것(자산)에서 빚진 모든 것(부채)을 뺀 것이에요. 진짜 내 수중에 있는 돈이죠. 예를 들어 자산이 1,000만 원이 있어도 빚이 800만 원이면 실제로는 200만 원만 내 돈인 거예요. 순자산이 증가한다는 것은 '내 재정 상태가 좋아지고 있다'는 의미예요. 돈 관리에 노력하고 있다는 증거이기도 하고요. 매년 재무상태표를 작성해서 순자산이 얼마나 늘었는지 확인해 보면 성취감도 느낄 수 있어요.

현금흐름표와 재무상태표의 관계

현금흐름표는 재무상태표에 어떤 영향을 미칠까요? 내가 한 달을 어떻게 보내는지에 따라 내 재무상태표는 좋아질 수도, 나빠질 수도 있어요. 앞서 작성한 김자산 씨의 현금흐름표가 실제로 김자산 씨의 재무상태에 어떤 영향을 미치는지 구체적으로 살펴보겠습니다.

| 김자산 씨 재무상태표 (2025년 4월 30일 기준) |

자산		부채	
구분	금액(만 원)	구분	금액(만 원)
현금성자산	300	단기부채	-
보통예금	300		
저축성자산	-	장기부채	1,500
		학자금대출	1,500
투자자산	-		
사용자산	1,000		
임차보증금	1,000		
기타자산	-		
자산 소계	1,300	부채 소계	1,500
		순자산	-200

김자산 씨는 4월 말 기준으로 보통예금에 300만 원을 가지고 있고(현금성자산), 지금 살고 있는 집에 보증금 1,000만 원을 넣어놨어요(사용자산). 이 보증금은 나중에 이사 갈 때 바로 돌려받을 수 있는 돈이어서 자산으로 분류합니다.

자, 한 달 뒤 김자산 씨의 재무상태표를 볼까요? 달라진 부분을 찾아보세요. 김자산 씨의 2025년 5월 현금흐름표도 참고하면서요.

| 김자산 씨 재무상태표 (2025년 5월 31일 기준) |

자산		부채	
구분	금액(만 원)	구분	금액(만 원)
현금성자산	350	단기부채	-
보통예금	350		
저축성자산	-	장기부채	1,490
		학자금대출	1,490
투자자산	-		
사용자산	1,000		
임차보증금	1,000		
기타자산	-		
자산 소계	1,350	부채 소계	1,490
		순자산	-140

한 달 사이에 김자산 씨의 순자산이 -200만 원에서 -140만 원으로 60만 원 개선되었습니다. 이 변화가 어디서 온 걸까요?

> **순자산 증가 요인**
> - 5월에 남은 돈 50만 원(저축 및 투자) → 현금성자산 증가
> - 학자금대출 상환 10만 원(고정지출) → 장기부채 감소

이렇게 현금흐름표는 재무상태표에 직접적인 영향을 준다는 사실을 알 수 있어요. 내가 저축과 투자를 늘릴수록, 대출을 상환할수록 순자산은 증가하게 돼요.

현재 김자산 씨의 문제점

김자산 씨의 현금흐름표와 재무상태표를 분석해 보니 몇 가지 중요한 문제점이 발견됩니다.

① 후 저축, 선 소비 패턴

김자산 씨는 전형적인 '남는 돈 저축' 방식을 택하고 있어요. 한 달 생활하고 남는 돈이 있으면 그때 주식을 사는 거죠. 이런 식으로 하면 어떤 달은 70만 원을 투자하고, 어떤 달은 20만 원밖에 투자하지 못하는 상황이 반복되면

서 체계적인 자산 형성이 어려워져요.

② 지출 관리의 부재

미확인 지출이 7만 원에 달한다는 것은 돈의 흐름을 제대로 파악하지 못하고 있다는 의미예요. '어디에 썼는지 모르는 돈'이 매달 7만 원씩 나간다면, 연간 84만 원을 그냥 날리고 있는 셈입니다.

③ 비효율적인 고정비 구조

지금 사용하고 있는 일반 교통카드보다 더 큰 혜택을 제공하는 카드가 있는지 살펴볼 필요가 있어요. 휴대폰 요금도 지금보다 가성비가 좋은 요금제가 있다면 변경하는 것이 좋겠죠.

또한 4개의 OTT 서비스에 매달 4만 원을 지불하고 있는 것이 적절한지도 생각해 볼 필요가 있어요. 마지막으로 종신보험은 사회초년생에게는 불필요한 지출일 수 있어 재검토가 필요해요.

지출 최적화 전략

현실적인 저축률 목표를 설정하기 전에, 먼저 김자산 씨의 비효율적인 지출 구조를 개선해 볼게요. 작은 변화만으로도 상당한 절약 효과를 얻을 수 있거든요.

① 교통비 최적화

김자산 씨는 서울에서 주로 이동하므로 기후동행카드를 신청해 청년 혜택(월 5만 5,000원)을 받았습니다. 월 교통비가 8만 원에서 5만 5,000원으로 줄어 월 2만 5,000원을 절약할 수 있어요.

② 통신비 최적화

김자산 씨의 휴대폰 약정이 끝났고 현재 통신사에서 받는 혜택도 별로 없어서 알뜰폰 요금제로 변경했습니다. 월 통신비가 7만 원에서 2만 5,000원으로 줄어 월 4만 5,000원을 절약할 수 있어요.

③ 구독 서비스 최적화

김자산 씨는 4개의 OTT 구독료로 월 4만 원을 지불하고 있는데, 사실 재미있는 콘텐츠가 나올 때만 보는 편이라서 1개로 줄였습니다. 필요할 때만 단기 구독하는 방식으로 바꾸면 월 3만 원을 절약할 수 있어요.

④ 보험료 검토

종신보험은 사회초년생이 가입하기에는 적절하지 않은 보험이에요. 엄마 지인의 권유로 가입했지만 저축 여력에 안 좋은 영향을 끼치고 있어 해지를 염두에 둬야 합니다. 보험은 챕터 4에서 자세히 다룰게요.

⑤ 변동비 최적화

김자산 씨의 경우 식비, 문화·여가비 등은 대부분 충동적으로 지출하고 있어요. "오늘 스트레스 받았으니까 한잔하자" "친구가 좋은 곳 안다고 하니까 가볼까?" 이런 식으로 계획 없이 쓰다 보니 금액이 커진 거죠.

그래서 조절이 가능한 지출은 변동생활비 통장에서 체크카드로 결제하기로 했습니다. 변동생활비 내에서 카테고리별로 평균치를 낸 후 그 한도 내에서만 자유롭게 사용하면, 스트레스는 덜 받으면서도 자연스럽게 지출을 줄일 수 있어요.

현실적인 저축률 목표 설정: 최소 생존비용

김자산 씨는 서울에서 자취하는 사회초년생으로 월 소득의 50% 저축은 현실적으로 어려운 상황이에요. 김자산 씨는 먼저 최소 생존비용을 정확히 계산해서 달성 가능한 저축률을 설정하기로 했습니다.

> **김자산 씨의 최소 생존비용 계산**
>
> **고정생활비 95만 원**
> - 주거비(월세+관리비): 68만 원
> - 전기·가스·수도: 10만 원
> - 학자금대출 이자: 2만 원
> - 보험료: 7만 원('보험 최적화'에서 자세히 설명할게요.)

- 대중교통: 5.5만 원(기존 8만 원→5.5만 원)
- 휴대폰요금: 2.5만 원(기존 7만 원→2.5만 원)

변동생활비 30만 원
- 식비: 24만 원(점심은 회사 구내식당에서 해결)
- 생활용품: 6만 원(평균치)

총합: 125만 원

현실적인 저축률 공식 적용

(월 소득 − 최소 생존비용) × 80% = 현실적인 저축 목표

(250만 원 − 125만 원) × 80% = 100만 원

김자산 씨의 최소 생존비용은 125만 원이고, 현실적인 저축률 공식을 적용해 조정된 저축액은 100만 원입니다. 즉 월 소득(정기적인 근로소득 기준)의 40%가 김자산 씨에게 현실적으로 달성 가능한 저축률입니다. 50%에는 못 미치지만, 기존의 불규칙하던 50만 원보다 2배인 금액입니다.

자, 이제 현실적인 목표를 설정했으니, 이제 이를 달성하기 위한 구체적인 지출 최적화 방안을 살펴보겠습니다.

> **김자산 씨의 개선된 계획**
> - 고정생활비: 95만 원
> - 변동생활비: 55만 원(최소 변동생활비 30만 원 + 자유를 위한 돈 25만 원)
> - 저축, 투자, 대출 원금 상환: 100만 원
>
> **유출 총합: 250만 원**

소비는 제한하고 저축은 늘었지만 생각보다 힘들진 않을 거예요. 왜냐하면 25만 원이라는 돈은 온전히 나를 위해 쓸 수 있거든요. 김자산 씨는 이제 정해진 한도에서 자유롭게 쓰면서도 돈 관리에 자신감을 얻게 될 거예요.

저자의 실제 사례: 결혼 후 지출 최적화 전략

처음에는 각자 본인만을 위해 쓰는 돈만 용돈으로 설정했어요. 저희 부부는 먹는 걸 좋아하는데, 외식을 포함한 식비를 공용카드로 사용하다 보니 목표한 생활비를 훨씬 초과하는 거예요. 결혼 후 초반에는 선 저축, 후 소비도 제대로 이루어지지 않았어요.

문제를 깨달은 후, 2가지를 바꿨습니다.

첫째, 선 저축을 확실히 했어요. 월급이 들어오면 저축할 돈부터 먼저 분리했습니다.

둘째, 외식비를 각자의 용돈에 포함시켰어요. 공용으로는 오로지 장보기 비용만 사용했습니다. 외식하고 싶을 때마다 "내 용돈에서 나가는데 괜찮을까?" 하고 한 번 더 생각하게 되더라고요.

결과는 놀라웠습니다. 오히려 개인의 자유도도 늘고 저축액도 늘었어요. 각자 정해진 용돈 안에서는 어떻게 써도 상관없으니까 스트레스도 줄었고, 외식 횟수도 자연스럽게 줄어들었거든요.

여기서 중요한 깨달음을 얻었어요. '임의로 조절할 수 있는 지출은 체크카드로 사용하기'가 정말 효과적이라는 것이었어요. 신용카드, 심지어 공용카드로 외식비를 결제하면 '나중에 계산하자' 하는 마음이 들지만, 체크카드로 바로 빠져나가는 걸 보면 지출에 대한 경각심이 확실히 달라져요.

김자산 씨도 변동생활비를 변동생활비 통장으로 옮긴 다음 체크카드만 사용하기로 한 건 정말 현명한 선택입니다. 이 작은 변화가 생각보다 큰 효과를 가져다줄 거예요.

CHAPTER 4

3단계:
보험 들기

월 10만 원으로
충분한 보험 전략

"보험은 돈을 잃지 않기 위한 투자입니다."

사회초년생에게 보험은 어려운 영역이에요. 보험은 '낭비'라는 부정적인 인식이 있으면서도 가입하지 않으면 왠지 불안하죠. '젊은데 꼭 들어야 하나?' 하는 생각과 '큰 병에 걸리면 어떡하지?' 하는 불안감 사이에서 고민하는 분들이 많을 거예요.

하지만 보험의 본질적 목적을 이해하면, 사회초년생에게 적합한 최소 비용으로 최대 보장을 받을 수 있는 명확한 전략이라는 사실을 알게 될 거예요.

보험의 진짜 목적:
파산을 막는 방패

보험을 가입하기 전에 가장 중요한 건 보험의 본질적 목적을 정확히 이해하는 거예요. 많은 사람들이 보험을 복잡하게 생각하지만, 사실 보험의 역할은 아주 단순합니다. 바로 혼자서는 감당할 수 없는 큰 위험에 대비하는 거예요.

구체적인 예시로 이해해 볼게요. 보험이 꼭 필요한 상황은 암 진단으로 치료비 3,000만 원이 필요하거나, 교통사고로 상대방 치료비 5,000만 원을 배상해야 하거나, 화재로 집 전체가 타서 1억 원의 손실이 발생하는 경우예요. 이런 상황에서는 개인이 혼자 감당하기 어려운 큰 금액이 필요하죠.

반면 보험이 굳이 필요 없는 상황도 있어요. 감기로 병원비 3만 원이 나오거나, 휴대폰 액정이 깨져서 수리비 15만 원이 필요하거나, 지갑을 분실해 현금 10만 원을 잃어버린 경우처럼요. 이런 작은 손실은 개인이 충분히 감당할 수 있는 수준이에요.

작은 손실은 자기 부담으로, 큰 손실은 보험으로 대비하는 것이 보험의 원칙입니다. 5만 원짜리 위험까지 모두 보험으로 커버하려고 하면 보험료가 너무 비싸져서 정작 저축할 돈이 없어져요.

그러면 본말이 전도되는 거죠.

보험의 목적은 부자가 되는 것이 아니라 망하지 않는 것입니다. 돈을 불리는 건 투자의 몫이고, 큰 위험을 막는 건 보험의 몫이라고 명확히 구분해서 생각하는 게 중요해요.

보험과 저축 사이의 최적점 찾기

그렇다면 얼마의 보험료를 내는 게 적정할까요? 월 소득의 5~10%가 적정선이에요. 이 범위를 넘어가면 다른 재무 목표 달성이 어려워지고, 이 범위보다 너무 적으면 제대로 된 보장을 받기 어려울 수 있어요.

> 월 보험료 ÷ 월 소득 × 100 = 5~10%

· 출처: 한국FPSB(Financial Planning Standards Board)

구체적인 예시로 살펴보겠습니다. 월 소득 220만 원인 사회초년생이 보험료로 월 30만 원을 낸다고 가정해 볼게요. 보장은 탄탄하겠지만, 저축할 여력이 크게 줄어들어요. 월 저축 목표가 110만 원이라면 보험료 때문에 나머지 80만 원으로 생활해야 하죠. 과도한 보험은 저축을 위한 자금을 줄여 장기적 수익률에 부정적 영향을 미칩니다.

반면, 보험이 없으면 사고가 발생했을 때 엄청난 비용을 혼자 감당해야 해요. 이렇게 되면 몇 년간의 저축 노력이 한순간에 물거품이 되죠.

사회초년생의 보험 선택 전략

개인적으로 사회초년생에게는 월 10만 원 이하의 보장성 보험이 적정하다고 생각해요. 2가지 이유 때문이에요.

첫째, 사회초년생의 현실적 제약을 고려해야 해요. 사회초년생의 한정된 소득에서 보험료 지출이 월 10만 원을 넘으면 다른 재무 목표를 달성하기 어려워져요. 보험은 재무 계획의 일부일 뿐이므로 전체 자금 배분의 균형을 고려해야 합니다. 보험에만 올인하고 저축이나 투자를 소홀히 하면 장기적으로 더 큰 문제가 될 수 있거든요.

둘째, 미래 변화 가능성을 고려해야 해요. 사회초년생에게는 이직, 주거, 결혼 등 다양하게 돈 쓸 일들이 너무 많아요. 과다한 보험료로 인해 이런 기회나 변화에 대응할 여유 자금이 부족해지면 곤란하죠.

따라서 사회초년생에게는 보험금보다 비상금 확보의 중요성이 상대적으로 높아요. 유동성 있는 자금 마련이 우선시되는 거죠. 보험으로 모든 위험을 커버하려고 하기보다는, 보험은 정말 큰 위험만 막고 나머지는 비상금으로 대비하는 게 더 현실적이에요. 보험은 보조적 역할이고, 메인은 저축과 투자라는 관점이 중요합니다.

✦ SUMMARY

- 보험의 목적은 부의 축적이 아닌 파산 방지예요.
- 월 소득의 5~10% 선에서 필수적인 보장에 집중하는 게 효율적이에요.
- 사회초년생은 과도한 보험보다 비상금 확보가 더 중요해요.

사회초년생 보험,
이 2가지면 충분하다

"2가지 보험으로 파산 위험 대부분을
해결할 수 있어요."

월 10만 원 이하의 보험료로 최대한의 보장을 받으려면 선택과 집중이 필요해요. 수많은 보험 상품 중에서 사회초년생에게 정말 필요한 보험은 무엇일까요? 보험 설계사를 만나면 이것저것 다양한 보험을 추천하지만, 모든 보험에 가입할 필요도 없고 그럴 여력도 없어요.

하지만 큰 자금 손실을 막아줄 최소한의 방패는 갖춰야 하죠. 그리고 그 방패는 생각보다 간단해요. 실손의료보험과 3대 진단비보험, 이 2가지만 제대로 가입해도 사회초년생이 직면할 수 있는 의료비 위험의 대부분을 해결할 수 있습니다.

지금부터 왜 이 2가지 보험이 필수인지, 각 보험의 특징과 선택 기준, 그리고 보험 가입 시 주의사항을 알아볼게요.

실손의료보험:
병원비 걱정 없는 기본 안전망

실손의료보험은 국민건강보험이 보장하지 않는 의료비를 보완하는 핵심 보험으로, 고액 의료비로 인한 재정적 부담을 크게 줄여줍니다. 쉽게 말해, 병원에서 내가 실제로 부담한 금액의 대부분을 돌려받는 보험이에요.

우리가 병원에서 받는 치료는 급여와 비급여 2가지로 분류할 수 있어요. 급여는 국민건강보험공단에서 보장하는 항목으로 본인부담금과 공단부담금으로 나뉩니다. 이 중 본인부담금만 내가 부담하면 돼요. 비급여는 건강보험공단에서 보장하지 않는 항목으로, 흔히 미용 목적의 성형 수술, 도수 치료 등이 해당됩니다. 비급여는 공단에서 보장을 안 해주니 오롯이 내가 부담해야 하죠.

| 진료비 계산서·영수증 |

항목	급여 일부 본인부담 본인부담금	급여 일부 본인부담 공단부담금	급여 전액 본인부담	비급여
진찰료	50,000	100,000		
기 주사료 행위료				200,000

병원에서 치료받고 "보험 서류 주세요"라고 하면 위와 같은 '진료비 계산서·영수증'을 줍니다. 공단부담금(10만 원)은 건강보험공단에서 부담하고, 본인부담금(5만 원)과 비급여(20만 원)는 내가 내야 합니다. 이때 실손의료비보험이 있으면 25만 원 중 일부를 보험사에서 대신 부담해 주는 거예요. 왜 실손의료비보험이 중요한지 알겠죠? 특히 큰 수술이나 중증 질환 치료 시에는 비급여 비용이 상당할 수 있어요.

① 어떻게 보장해 줄까요?

실손의료보험은 내가 부담해야 하는 금액을 기준으로 일정 비율을 보상해 주는 방식이에요. 모든 의료비를 100% 보상해 주지는 않고, 자기부담금이라고 해서 일정 금액은 내가 부담해야 합니다. 보상 비율은 보통 70~80% 정도이고, 1일 한도도 존재해요. 보험사와 보험계약에 따라 보장하는 치료 항목이 다르니 보험약관을 확인해야 해요.

② 왜 사회초년생에게 필수일까요?

<u>실손의료보험의 가장 큰 장점은 폭넓은 활용도예요.</u> 감기부터 큰 수술까지 모든 의료비에 적용되니까 활용도가 정말 높거든요. 보장 범위를 보면 외래 진료(감기, 몸살, 안과 등 일반 병원 방문), 입원 치료(맹장염, 골절 등으로 인한 입원비), 응급실(야간이나 응급 상황 의료비), 큰 수술까지 모두 포함됩니다.

<u>두 번째 장점은 합리적인 보험료예요.</u> 20대 기준 월 1만~2만 원 내외로 가입 가능해요. 실손의료보험은 갱신형이라 나이 들수록 보험료가 오를 수 있지만, 갱신형이 부담스럽다고 해서 가입을 미루지는 마세요. 젊을 때 가입하면 초기 보험료가 저렴하고, 나중에 소득이 늘어나면 보험료 인상분도 충분히 감당할 수 있어요. 무엇보다 실손의료보험 없이 큰 병에 걸리면 그 손실이 훨씬 클 수 있거든요.

3대 진단비보험:
소득 공백을 메우는 지원군

3대 진단비보험은 암, 심혈관질환, 뇌혈관질환을 진단받으면 사전에 정해놓은 금액을 보상받는 보험이에요. 치료 기간 동안 발생할 수 있는 소득 감소에 대비하는 안전망 역할을 합니다.

① 어떻게 보장해 줄까요?

실손의료보험과는 다르게, 진단비보험은 실제 의료비 금액과 상관없이 사전에 약정한 금액을 받는 정액보상 방식이에요. 예를 들어 내가 병원에서 200만 원을 결제했어도 진단비 3,000만 원을 받기로 약정했다면 3,000만 원을 받을 수 있어요. 이 돈으로 치료비를 내고, 간병비도 내고, 생활비도 충당할 수 있는 거죠.

② 왜 실손의료보험 다음으로 추천할까요?

3대 진단비보험을 추천하는 이유가 있습니다. 첫째, 높은 발병률 때문이에요. 통계청에 따르면 이 3대 질환이 우리나라 질병사망 원인 1, 2, 4위를 차지하고 있어요. 그만큼 많이 발생하는 질병이기 때문에 실손의료보험 다음으로 3대 진단비보험 가입을 권장하는 거죠. "나는 아직 젊으니까 괜찮을 거야"라고 생각할 수 있지만, 젊은 연령층에서도 이 3대 질환이 사망원인 5순위 안에 있습니다.

둘째, <mark>실손의료보험의 한계를 보완</mark>해요. 실손의료보험은 실제로 내가 부담한 병원비와 의약품비를 보장해 줘요. 하지만 실제로는 병원비와 약값 외에도 많은 비용이 발생하죠. 간병비, 재활치료비, 영양제비, 교통비 등 의료와 관련된 부대비용들이 만만치 않거든요. 진단비보험은 약정한 보험금을 일시에 지급받을 수 있어 다양한 용도로 활용 가능해요.

셋째, <mark>소득 공백에 대한 대비</mark> 효과가 있어요. 진단비보험을 통해 지급받은 보험금은 치료비뿐만 아니라 생계비로도 활용할 수 있어요. 큰 병을 앓게 되어 어쩔 수 없이 실직 상태에 놓였을 때 소득의 공백을 메워주는 역할을 하는 거죠. 암 진단을 받아서 6개월간 치료에 전념해야 한다면 그 기간의 생활비도 만만치 않을 거예요.

③ 얼마가 적정 보험료일까요?

보험료는 어떤 질병까지 보장하는지, 진단받으면 얼마의 진단비가 지급되는지에 따라 달라져요. 이 보험의 목적은 소득의 공백을 메우기 위함이므로 본인의 연봉 수준을 고려해 진단비를 결정하는 게 합리적이에요. 과도한 보장금액보다는 소득의 6~12개월 정도를 보장받을 수 있는 금액으로 설계하는 것이 좋습니다.

개인적으로 사회초년생은 월 5만~7만 원 선에서 이런 보장을 받을 수 있도록 가입하는 것을 추천합니다. 일반암 5,000만 원(가장 높은 보장, 발병률이 높음), 유사암 1,000만 원(갑상선암 등 생존율 높은 암), 허혈성심장질환 2,000만 원(심근경색, 협심증 포함), 뇌혈관질환 2,000만 원(뇌졸중, 뇌출혈 포함) 정도의 보장이 적절합니다.

가족력이나 개인의 건강 상태를 고려해 발병률이 낮을 것 같다면 보장금액을 줄일 수 있습니다. 완벽한 보장보다는 현실적인 부담 수준에서 적정한 안전망을 구축하는 게 목표거든요.

가입 시 반드시 알아야 할 체크포인트

보험은 한 번 가입하면 수십 년간 유지하는 장기 상품이므로, 처음 선택을 잘못하면 나중에 큰 손해를 볼 수 있어요. 보험 상품을 선택할 때 반드시 확인해야 할 체크포인트들을 알려드릴게요.

① 보험료는 반드시 3개 이상 비교하세요

동일한 보장 내용이라도 보험사별로 보험료 차이가 클 수 있어요. 보험료는 보험협회에서 운영하는 사이트인 '보험다모아'를 활용하면 쉽게 비교할 수 있습니다.

단, 비교할 때는 단순히 보험료만 보지 말고 보장 내용도 함께 확인해야 해요. 보험료가 싸다고 해서 무조건 좋은 게 아니라, 보장 범위가 좁거나 면책 조건이 까다로울 수 있거든요. 비교하다보면 점점 보험을 바라보는 눈이 트일 거예요.

보험료 비교 시 체크사항

- **동일 조건 비교**: 보장금액, 보장기간, 납입기간 통일
- **숨은 비용 확인**: 각종 수수료나 부대비용 포함 여부
- **갱신 조건**: 갱신 시 보험료 인상률과 조건
- **할인 혜택**: 건강체 할인, 인터넷 가입 할인 등 적용

② 보험설계사의 권유를 그대로 따르지 마세요

보험설계사는 기본적으로 '판매자'예요. 고객에게 도움이 되고 싶은 마음도 있겠지만, 본인의 수수료 수익을 고려할 수밖에 없죠. 따라서 권유만으로 결정하지 말고 보장 금액, 면책기간, 보험금

지급 조건 등 약관을 직접 꼼꼼히 확인하는 것이 중요해요.

특히 불필요한 특약은 보험료를 크게 증가시키므로 내 상황에 정말 필요한 건지 고민하고 결정해야 해요. "이것도 넣어두시면 좋을 것 같은데요"라는 말에 현혹되지 말고, 핵심 보장에만 집중하는 것이 사회초년생에게는 더 유리합니다.

<u>사회초년생은 온라인으로 가입하는 것을 추천해요.</u> 보험설계사를 통하면 수수료가 있어 더 비싸지거든요. 만약 불가피하게 보험설계사를 통해야 한다면 즉석에서 가입하지 말고 충분히 검토 시간을 가지고 결정하세요.

③ 갱신형 보험료는 보험료 상승 위험이 있어요

갱신형 보험은 납입하는 보험료가 계속 변하고, 비갱신형은 보험료가 변하지 않아요. 처음에 보험료가 싸다고 무턱대고 갱신형 보험만 가입하면 10~20년 뒤에는 매달 훨씬 높은 보험료를 내야 할 수 있으니 주의해야 합니다. 특히 60대가 넘어가면서 보험료가 확 뛰면 부담이 클 수 있어요.

갱신형은 보험료를 낼 여력이 부족한 상황이거나 보험을 가입하고 짧은 기간 안에 보장받을 가능성이 높다고 생각될 때 고려해 볼 수 있어요. 단, 예외적으로 앞에서 소개한 실손의료보험은 갱신형밖에 없어 갱신형으로 가입해야 합니다.

정리하자면 갱신형은 초기 보험료가 저렴하지만 사실상 지속적으로 상승하고 보험료 예측이 어려워서 단기 보장이나 여유 자금이 부족한 상황에 적합해요. 비갱신형은 상대적으로 비싸지만 보험료가 고정되어 있어 예측이 쉽고, 장기 보장이나 안정성을 중시하는 경우에 적합합니다.

④ 보험 만기는 80세로도 충분해요

보험 상품을 선택할 때 많은 사람이 고민하는 부분이 바로 만기 설정이에요. 만기란 보험의 효력이 끝나는 시점을 말하는데, 80세 만기라면 80세까지, 100세 만기라면 100세까지 보장하겠다는 뜻입니다.

언뜻 생각하면 100세까지 길게 보장받는 것이 더 안심될 것 같지만, 현실적으로 고려해야 할 요소들이 있어요. 우선 만기가 길수록 보험료도 당연히 비싸집니다. 같은 보장 내용이라도 100세 만기가 80세 만기보다 월 보험료가 상당히 높아서, 사회초년생에게는 현재 생활비나 저축 계획에 큰 영향을 미칠 수 있죠.

더 중요한 건 화폐가치의 변화예요. 시간이 갈수록 물가 상승으로 인해 화폐가치는 떨어지거든요. 80세에 병에 걸려 받는

3,000만 원과 100세에 받는 3,000만 원은 실질적 가치 측면에서 큰 차이가 있습니다.

또한 <u>의료 기술의 발전 속도도 고려해야 해요.</u> 지금부터 60년 뒤에는 어떤 혁신적인 치료제가 발명될지 아무도 예측할 수 없거든요. 이런 불확실성을 감안하면 너무 먼 미래까지 보장받기 위해 현재 높은 보험료를 내는 것보다는, 80세 만기로 합리적인 보험료를 유지하면서 나머지 자금은 저축이나 투자를 통해 미래를 준비하는 것이 더 현명한 선택이에요.

⑤ 저축성 보험은 추천하지 않아요

저축성 보험은 비과세 등 장점은 분명히 있긴 하지만, 수수료가 높고 수익률이 낮아 사회초년생에게는 부적합한 경우가 많아요. <u>사회초년생에게 보험은 저축이나 투자 수단이 아니라 '위험 보장' 수단으로 활용해야 한다는 점을 기억하세요.</u>

저축성 보험의 가장 큰 문제는 중도 해지 시 원금 손실이 크다는 점이에요. 처음 몇 년간은 해지환급금이 납입보험료보다 훨씬 적어서, 급하게 돈이 필요할 때 큰 손해를 볼 수 있거든요. 사회초년생처럼 불확실성이 높은 시기에는 더욱 위험한 선택이죠.

결국 사회초년생에게는 실손의료보험과 3대 진단비보험, 이

2가지면 충분해요. 이 두 보험으로 파산 위험의 대부분을 해결할 수 있고, 나머지는 비상금과 저축으로 대비하는 것이 더 효율적입니다. 완벽한 보장을 추구하기보다는 핵심적인 위험만 보험으로 막고, 나머지 자원은 미래를 위한 투자에 집중하는 것이 사회초년생에게 가장 적합한 전략이에요.

✦ SUMMARY

- 실손의료비보험은 의료비를 커버하는 기본 중의 기본이에요.
- 3대 진단비보험은 큰 질병 시 소득 공백을 메워주는 든든한 지원군이에요.
- 사회초년생은 2가지 보험으로 파산 위험 대부분이 해결돼요.

보험 최적화로 순자산 늘리기

앞서 저축과 지출이 재무상태표의 순자산에 어떤 영향을 미치는지 살펴봤어요. 그런데 보험은 종류에 따라 순자산에 미치는 영향이 완전히 달라요. 저축성 보험은 보험료를 낼수록 일부가 자산으로 쌓이지만, 보장성 보험은 매월 보험료를 내도 자산으로 남지 않거든요. 그럼 보장성 보험은 과연 돈 낭비일까요?

보장성 보험이 재무상태에 미치는 영향

사회초년생에게 추천한 2가지 보험(실손의료보험, 3대 진단비보험)은 모두 보장성 보험입니다. 보장성 보험료는 재무상태표에 자산으로 기록되지 않아요. 현금흐름표에서 지출로 나타날 뿐입니다.

　이건 마치 통신료를 내는 것과 비슷해요. 매월 돈을 내지만 내 소유가 되는 건 아무것도 없죠. 대신 통화를 할 수 있는 '서비스'를 받듯이 보장성 보험도 마찬가지로 '보장'이라는 서비스를 받는 거예요.

예를 들어 김자산 씨가 갑자기 암 진단을 받아서 치료비로 2,000만 원이 필요하다고 가정해 봅시다.

> **보험이 없다면:**
> - 현재 순자산: -140만 원
> - 치료비 지출: -2,000만 원
> - 치료 후 순자산: -2,140만 원
>
> **3대 진단비보험 3,000만 원에 가입했다면:**
> - 보험금 수령: +3,000만 원
> - 치료비 지출: -2,000만 원
> - 실질적 이득: +1,000만 원
> - 치료 후 순자산: +860만 원(-140만 원 + 1,000만 원)

월 6만 원 정도의 보험료만으로도 사고가 발생했을 때 수천만 원에 달하는 재무적 보호 효과를 기대할 수 있어요. 이러한 효과는 당장 눈에 보이지 않지만, 미래를 대비하는 데 있어 매우 중요한 '잠재 자산'이라고 할 수 있습니다.

김자산 씨의 보험 포트폴리오 분석

김자산 씨의 기존 보험 가입 현황을 다시 살펴보겠습니다.

현재 보험료 구성
- 실손의료보험: 월 1만 원 → 적정
- 종신보험: 월 15만 원 → 과다

보험료 총합: 월 16만 원(월 소득의 6.4%)

적정 보험료가 월 소득의 5~10%이니까, 월 소득의 6.4%인 김자산 씨의 보험료가 적정하다고 생각할 수 있어요. 보험료가 범위 내에 있긴 하지만 문제는 구성에 있어요.

종신보험의 문제점

김자산 씨가 가입한 종신보험은 월 15만 원으로, 연간 180만 원의 보험료를 내고 있어요. 이는 몇 가지 문제가 있습니다.

① **필요 없는 보장 과다 + 실제 필요한 보장 부족**

김자산 씨가 가입한 종신보험은 김자산 씨가 죽었을 때 사망보험금이 나오는 보험이에요. 하지만 김자산 씨는 미혼이고, 누구를 부양해야 하는 상황도 아니죠.

　김자산 씨에게 필요한 건 이런 종신보험이 아니라 본인이 아플 때를 대비한 보장이에요. 암이나 중대질병에 걸리면 치료비뿐만 아니라 소득 중단까지 겹치면서 재정적 타격이 커지거든요.

② 저축 기회비용 발생

　종신보험료만 연간 180만 원입니다. 종신보험이 저축성 보험이라 보험료의 일부가 적립(저축의 개념)된다고 해도, 보험사의 수수료는 비싸고 수익률은 낮아요. 매년 180만 원의 투자 기회를 잃는 건 사회초년생에게 큰 기회비용입니다.

　김자산 씨에게 최적화된 보험 구성은 다음과 같습니다.

개편 후 보험 구성

- 실손의료보험: 1만 원 → 유지
- 종신보험: 해지
- 3대 진단비보험: 6만 원 → 신규 가입

보험료 총합: 7만 원

　이렇게 개편하면 김자산 씨의 실제 위험(질병으로 인한 치료비와 소득 중단 시의 생활비)은 충분히 보장받으면서도, 월 보험료는 9만 원(16만 원-7만 원) 절

약할 수 있어요. 가장 중요한 건 이제 김자산 씨가 정말 필요한 위험에 대해서 충분한 보장을 받게 되었다는 점이에요.

김자산 씨는 종신보험을 해지하면서 해지환급금 10만 원을 받았어요. 10개월 동안 150만 원(15만 원×10개월)을 썼는데 10만 원밖에 못 받으니까 140만 원의 손해를 본 것 같아도 어쩔 수 없어요. 필요하지도 않은 비싼 보험을 '손해 볼까 봐 무서워서' 유지하는 것보다는, 지금 내 상황에 정말 필요한 보장이 무엇인지 냉정하게 판단해서 과감하게 정리하는 것이 현명한 선택입니다. 단기적으로는 아쉬울 수 있지만 장기적으로는 훨씬 더 건전한 재무구조를 만들 수 있으니까요.

CHAPTER 5

4단계:
비상금 모으기

선택 아닌
필수인 이유

**"당장 모을 돈도 부족한데,
비상금 꼭 필요한가요?"**

예측 불가능한 미래에 대비하는 가장 확실한 방법은 무엇일까요? 바로 '비상금'이에요. 비상금은 단순한 저축이 아닌, 갑작스러운 위기 상황에서 여러분을 지켜줄 안전망입니다. 특히 사회초년생에게 비상금은 단기적 위험 관리와 장기적 기회 확보라는 2가지 측면에서 중요한 의미를 가져요.

'비상금 때문에 투자 기회를 놓치는 거 아니야?'라고 생각할 수도 있지만, 오히려 비상금이 있어야 진짜 기회를 잡을 수 있답니다. 사회초년생에게 비상금이 왜 필수인지, 그리고 얼마나 모아야 하는지 구체적으로 알아볼게요.

비상금의 3가지 핵심 역할

비상금은 예측 불가능한 상황에 대비하는 별도의 유동성 자금으로, 일상적인 지출이나 투자 자금과 구분돼요. 많은 사람이 비상금을 '만약을 위한 돈' 정도로 생각하지만, 실제로는 훨씬 적극적이고 전략적인 역할을 합니다.

① 소득 중단 상황에서의 생존 기반

실직, 이직, 건강 문제 등으로 인한 소득 중단은 사회초년생에게 충분히 발생할 수 있는 상황이에요. 사회초년생의 평균 근속기간이 1년 6.4개월에 불과하다는 점을 생각해 보면, 이는 이론적 위험이 아닌 현실적 위험이죠. 비상금이 없다면 월급이 없는 기간에 생활비 마련을 위해 불리한 조건의 대출을 받거나 경력에 맞지 않는 일자리를 수락해야 할 수 있어요.

예를 들어 회사 구조조정으로 갑작스럽게 실직했는데, 비상금이 없다면 어떻게 될까요? 당장 다음 달 월세와 생활비를 마련해야 하니까 급하게 아무 일자리나 구해야 해요. 조건이 안 좋아도, 경력에 도움이 안 되어도 일단 돈을 벌어야 하니까 선택의 여지가 없어지는 거죠. 하지만 3~4개월 정도의 비상금이 있다면 충분한 시간을 가지고 더 좋은 조건의 일자리를 찾을 수 있어요.

건강상 이유로 업무를 중단해야 하는 상황도 마찬가지예요. 수술이나 치료로 인해 2~3개월간 일을 못 하는데 비상금이 없으면 치료에 집중하기 어려워져요. 돈 걱정 때문에 충분히 회복하지도 못한 상태에서 일터로 복귀해야 할 수도 있고요.

② 예상치 못한 지출로부터 돈 관리 계획 보호

갑작스러운 의료비, 수리비, 경조사비 등 예상치 못한 지출은 언제든 발생할 수 있어요. 비상금이 없으면 적금을 해지하거나 대출을 받게 되죠. 이런 악순환이 반복되면 아무리 좋은 재무 계획도 무너질 수 있어요.

③ 좋은 의사결정을 돕는 심리적 기반

돈에 대한 걱정이 줄어들면 더 좋은 의사결정을 할 수 있어요. 급하게 결정하지 않아도 되니까 신중하게 선택할 수 있는 거죠. 비상금은 재무적 안전망을 넘어 심리적 안정감을 제공해 일상생활과 의사결정에 긍정적 영향을 미칩니다.

무엇보다 비상금이 있으면 "문제가 생기면 어떡하지?"라는 막연한 불안에서 벗어나 "무슨 일이 생겨도 당분간은 버틸 수 있어"라는 확신을 가지게 됩니다. 이런 심리적 여유는 일상생활뿐만 아니라 직장에서의 성과에도 긍정적 영향을 미쳐요. 돈 걱정 때문에 위축되지 않고 더 자신감 있게 일할 수 있거든요.

비상금의 적정 금액과 기준

비상금은 월 지출의 3~6배가 적정해요. 월 지출 3~6배는 평균 구직 기간과 생활 안정성을 동시에 고려한 기준이에요.

월 지출 × 3~6배 = 적정 비상금

• 출처: 잡코리아, 최근 1년 안에 이직 활동을 한 직장인 462명 조사

잡코리아에서 조사한 실제 이직 소요 기간 통계에 따르면, 이직 활동을 시작한 지 6개월 안에 이직을 성공한 사람이 80%를 차지했어요. 세부적으로 보면 2개월에서 3개월이 34.6%로 가장 많고, 4개월에서 6개월이 26.2%, 1개월이 20.1%, 6개월 이상이 19.1%였어요.

① 왜 월 '지출'이 기준일까요?

소득이 아닌 지출이 기준인 이유는 비상금의 목적이 '소득이 없어도 생활을 유지하는 것'이므로, 소득보다는 실제 나가는 돈을 기준으로 계산하기 때문이에요. 월 지출에는 고정지출과 변동지출, 그리고 납입을 유예할 수 없는 저축액까지 포함돼요.

월 지출에 포함되는 항목들

- **고정지출**: 월세, 보험료, 통신비, 교통비, 대출 이자
- **변동지출**: 식비, 의류비, 생활용품비
- **최소 저축**: 납입을 유예할 수 없는 저축액

② 3배 vs. 6배 선택 기준

배수는 개인 상황에 따라 정하면 됩니다. 고용이 안정적이거나,

가족의 지원을 받고 있다면 3배만으로도 심리적 안정을 얻을 수 있어요. 반면 프리랜서처럼 소득이 들쑥날쑥하거나, 자취를 하고 있어서 모든 생활비를 스스로 부담하거나, 가족력상 의료비가 많이 들 가능성이 있거나, 학자금대출 등 고정적인 부채가 있다면 6배가 안전합니다. 비상금이 너무 적으면 실질적 보호 기능을 하지 못하고, 결국 대출이나 다른 자산 매각으로 이어질 수 있어요. 비상금이 너무 많으면 자산 증식 기회비용이 커져서 장기적으로는 손해일 수 있고요. 따라서 개인의 상황을 고려해서 3~6배 사이에서 적정 수준을 정해야 합니다.

비상금은 돈을 모으는 것 이상의 의미를 가져요. 당장은 투자가 더 매력적으로 보일 수 있지만, 사회초년생에게는 안정적인 기반을 먼저 구축하는 것이 더 중요해요. 비상금이라는 든든한 안전망이 있어야 더 적극적으로 도전하고 성장할 수 있거든요.

◆ **SUMMARY**

- 비상금은 위기 대응뿐만 아니라 기회 포착을 위한 필수 자금이에요.
- 월 지출의 3~6배가 통계에 기반한 적정 금액이에요.
- 개인 상황에 따라 유연하게 조정하되, 최소 3배는 확보하는 게 안전해요.

비상금 실전 운용 가이드

*"비상금을 그냥 통장에
넣어두기만 하면 손해입니다."*

비상금의 중요성과 적정 규모를 이해했다면, 이제는 어떻게 효율적으로 비상금을 모으고 관리할지 알아볼 차례예요. 비상금은 단순히 현금으로 보관하는 것이 아니라, 접근성과 수익성의 균형을 고려한 전략적 관리가 필요하거든요. "비상금을 어디에 넣어둬야 하지?" "얼마나 빨리 모을 수 있을까?" "비상금은 언제 쓸 수 있는 걸까?" 같은 현실적인 고민들을 해결해 드릴게요.

비상금 통장 선택의 핵심 기준

비상금 통장은 접근성과 수익성의 균형을 고려해 선택해야 해요. 언제든지 출금 가능하면서도 일정 수준의 이자 수익을 제공하는 상품이 이상적이죠.

하지만 수익률보다는 '바로 출금이 가능한 계좌'가 더 중요해요. 금리가 아무리 높아도 중간에 해지하면 손해를 볼 수 있고, 인출 자체가 어려우면 비상금 역할을 할 수 없어요.

비상금 상품의 필수 조건 첫 번째는 즉시 출금 가능성이에요. 정말 급한 상황에서는 1~2일도 기다릴 수 없어요. 당일에 현금화할 수 있어야 하죠. 두 번째는 원금 보장이에요. 비상금은 절대 줄어들면 안 되는 돈이에요. 급할 때 1,000만 원이 필요한데 800만 원밖에 없다면 곤란하거든요. 세 번째는 합리적인 수익률이에요. 본격적인 투자 수익률보다는 낮더라도 어느 정도의 이자는 받는 게 좋아요. 넷째는 수수료 면제예요. ATM 출금이나 이체 시 수수료가 면제되는 계좌가 좋아요.

이런 조건을 만족하는 대표적인 상품이 증권사 CMA와 은행 파킹통장이에요. CMA는 증권사에서 제공하는 상품으로 연

3~4% 수익률에 즉시 출금이 가능하고 투자와도 바로 연결할 수 있어요. 파킹통장은 은행에서 제공하는 상품으로 예금자보호가 되고 일정 조건에서는 고금리를 제공합니다.

효과적인 비상금 모으기 전략

비상금 통장은 5통장 시스템의 핵심 요소예요. 월급이 들어오면 가장 먼저 비상금부터 확보해야 합니다. 정해 둔 비상금 목표액을 채우기 전까지는 투자보다 비상금 마련을 우선해야 해요. 비상금이 목표액을 초과하면 그때부터 투자로 운용하는 거죠.

비상금 모으기 과정을 단계별로 살펴볼게요.

1단계는 목표 설정하기예요. 월 지출의 3~6배 중에서 나에게 맞는 목표를 정하세요.

2단계는 현재 상황 파악하기예요. 현재 비상금으로 활용가능한 자금이 얼마나 있는지 확인해 보세요.

3단계는 적립 계획 세우기예요. 통장 쪼개기를 활용해서 매월 일정 금액을 우선적으로 비상금 통장에 자동이체하세요.

비상금을 빨리 모으는 팁은 보너스나 상여금, 세금환급금 등 일시적으로 들어오는 돈을 비상금 통장에 우선 투입하는 거예요. 부업 수입이나 지출 절약으로 남은 돈을 비상금 통장에 전액 적립하는 것도 좋은 방법이고요.

비상금 사용 기준과 원칙

모으는 것만큼 중요한 게 지키는 것이에요. 따라서 비상금은 사용 조건을 미리 정해둬야 충동적인 인출을 방지하고 비상금의 본래 목적을 유지할 수 있습니다. 실직, 질병, 사고, 긴급 경조사비, 필수 가전제품 고장 등 명확한 '비상 상황'에만 사용한다는 원칙을 세워둬야 해요.

개인에 따라 어느 정도까지를 '비상'으로 보는지는 다를 수 있어요. 중요한 것은 자신만의 선을 명확히 정해두는 거예요. '친구 결혼식 축의금은 비상인가?' 이런 애매한 상황들에 대한 기준을 미리 정하면 나중에 고민할 필요가 없어요.

구체적인 비상금 사용 기준을 정해 볼까요? 사용 가능한 상황은 소득 중단, 응급 의료비 발생, 필수 가전제품 고장, 가족 위급상황 지원 등이에요. 반면 사용하면 안 되는 상황은 여행, 쇼핑, 외식이나 단순한 생활비 부족 등이에요. 결국 비상금의 사용 기준은 '계획 가능성'입니다.

비상금 사용 후 복구 전략

비상금을 사용했다면 <u>최우선으로</u> 다시 원래 수준으로 회복해야 해요. 다시 채워 넣어야 다음 비상상황에 대비할 수 있거든요. 언제까지 얼마씩 넣어서 다시 채울지 구체적으로 정하고, 다른 지출을 줄이면서 복구에 집중해야 해요. 일시적으로 변동생활비를 줄이거나 투자를 중단해서라도 비상금부터 다시 채우는 게 우선이에요. 복구 완료 전까지는 새로운 투자나 큰 지출은 자제해야 합니다.

<u>복구가 완료되기 전까지는 '비상금이 부족한 상태'라는 점을 항상 염두에 둬야 해요.</u> 이 시기에 또 다른 비상상황이 생기면 대처하기 어려우니까, 더욱 신중하게 생활해야 합니다.

비상금은 '보험'이라고 생각하세요. 보험에 가입해서 당연하게 보험료를 내는 마음으로 비상금을 유지하는 거예요. 당장 수익률은 낮을 수 있지만, 언젠가 정말 필요한 순간이 오면 그 가치를

실감하게 될 거예요.

이렇게 비상금이라는 안전망을 구축했다면, 이제 전체적인 재무 구조를 더욱 탄탄하게 만들 차례입니다. 많은 사회초년생들이 어려워하는 부분이 바로 대출 관리예요. 대출이 있다면 이를 어떻게 관리하느냐에 따라 전체 재무 계획의 효율성이 크게 달라질 수 있어요.

특히 사회초년생 시기에는 학자금대출, 전세자금대출 등 여러 종류의 대출을 보유하고 있는 경우가 많아요. 이런 상황에서 "투자를 먼저 할까, 대출을 먼저 갚을까?"라는 고민이 생기게 되죠. 또한 대출 상환 과정에서 비상금을 건드리고 싶은 유혹도 생길 수 있어요. 대출과 투자보다 비상금이 우선이라는 것 꼭 명심하세요.

✦ SUMMARY

▶ 비상금은 CMA나 파킹통장으로 접근성과 수익성을 동시에 챙기세요.
▶ 엄격한 사용 기준을 정해서 정말 비상시에만 사용하세요.
▶ 사용 후 복구는 필수예요.

비상금 상품 선택 가이드: CMA vs. 파킹통장

"안전형인지 투자형인지에 따라
선택하세요."

비상금 운용에서 가장 많이 궁금한 건 결국 "어떤 통장에 넣어둬야 하나요?"일 거예요. CMA와 파킹통장은 '안전하면서도 보통예금보다 금리가 높고 입출금이 자유로운 통장'이에요. 그래서 둘 중 어떤 걸 선택해야 할지 헷갈리죠. 잘 선택하기 위해 각 상품의 장점과 특징을 알아볼게요.

CMA와 파킹통장, 기본 개념 이해하기

CMA를 한 줄로 요약하면 증권사에서 만든 '이자 더 많이 주는 통장'이에요. 은행 보통예금은 금리가 연 0.1%인데 CMA는 평균적으로 3~4% 정도예요. 1,000만 원을 넣으면 은행은 연간 1만 원, CMA는 연간 30만~40만 원의 이자를 주는 거죠.

어떻게 이자를 더 많이 줄 수 있을까요? 은행은 돈을 그냥 보관 하지만, 증권사는 내 돈을 안전한 채권에 투자해서 수익을 나에게 돌려주거든요. CMA의 3가지 특징은 높은 이자(보통예금의 30~40배), 수시입출금(ATM에서 바로 뽑을 수 있음), 투자 연계성(주식, ETF를 바로 살 수 있음)이에요.

파킹통장을 한 줄로 요약하면 은행에서 만든 '돈을 잠깐 주차(parking)하듯이 넣었다 뺄 수 있는 통장'이에요. 파킹통장의 3가지 특징은 조건부 고금리(특정 조건에서만 높은 이자), 예금자보호(5,000만 원까지 원금 100% 안전), 편의성(기존 은행 앱과 ATM 사용 가능)이에요.

① **CMA의 장점과 특징**

CMA의 가장 큰 장점은 투자 연계성이에요. 비상금의 일부를 투자자금으로 활용하고 싶다면 그 즉시 다양한 상품에 투자할 수 있어요. 파킹통장이라면 은행에서 증권사로 자금 이동 과정을 거쳐야 하지만, CMA는 증권 계좌 안에서 해결 가능하니 귀찮음이 훨씬 줄어들어요.

CMA 종류별 특징을 간단히 알아볼게요. CMA는 크게 RP형, MMF형, MMW형, 발행어음형으로 구분되는데, 각각 특성이 달라요.

RP형 CMA는 가장 안전한 유형이에요. 증권사가 국공채, 금융채 등 안전한 A등급 이상의 채권에 투자해 운용하기 때문에 원금 손실 우려가 거의 없어요.

MMF형과 MMW형 CMA는 실적배당상품이에요. 수익률이 조금 더 높을 수 있지만, 펀드 실적에 따라 손익이 달라질 수 있어요.

발행어음형 CMA는 비교적 수익률이 높은 상품이에요. 자기자본이 4조 원을 넘으면서 단기금융업 인가를 받은 증권사(미래에셋증권, 한국투자증권, KB증권, NH투자증권)가 자금 조달을 위해 발행하는 단기 금융상품에 투자하는 방식이에요.

기본적으로 CMA를 만들면 대부분 RP형이에요. 하지만 앱 메뉴에서 쉽게 바꿀 수 있습니다. 처음에는 RP형 CMA로 개설했다가, 본인의 상황이 안정적으로 바뀐다면 발행어음형으로 변경하는 것도 가능하답니다.

② 파킹통장의 장점과 특징

파킹통장의 가장 큰 장점은 예금자보호예요. 예금자보호란 거래 은행이 파산 등으로 예금을 지급할 수 없을 때 은행을 대신해 예금보험공사가 최대 5,000만 원까지 예금 지급을 보장해 주는 제도예요. 5,000만 원까지 보호되므로 원금 안전성 측면에서는 CMA보다 유리하죠.

하지만 예금자보호가 없다고 해서 CMA가 위험한 건 아니에요. 대형 증권사가 파산해서 돈을 돌려주지 못할 가능성은 극히 낮아요. 다만 법적으로 보장되는 안전장치가 있느냐 없느냐의 차이죠.

파킹통장을 선택한다면 금리 조건을 잘 확인해야 해요. 예를 들어 광고에서는 '연 7% 고금리'라고 하지만 실제로는 50만 원까지만 7%이고 나머지는 그보다 훨씬 낮은 금리를 적용하는 경우가 많거든요. 결과적으로 금리 측면에서 CMA와 파킹통장은 큰 차이가 없어요.

사회초년생을 위한
선택 가이드

CMA를 추천하는 경우는 투자를 적극적으로 할 계획이 있거나, 비상금과 투자를 통합 관리하고 싶은 경우예요. 사회초년생은 자산을 늘려가는 시기이므로 투자 연계성이 중요한 장점이 될 수 있어요. 파킹통장을 추천하는 경우는 예금자보호를 중시하거나, 기존 은행 거래를 선호하거나, 투자 계획이 당분간 없는 경우예요.

사실 시작은 어떤 것으로 하든 크게 상관없어요. 중요한 건 비상금을 보통예금에 그냥 놔두지 말고, 조금이라도 이자를 더 받을 수 있는 곳으로 옮기는 거예요. 나중에 상황이 바뀌면 언제든 다른 상품으로 갈아탈 수 있으니까, 너무 고민하지 말고 일단 시작해 보세요.

무엇보다 비상금의 본질을 잊지 마세요. 비상금은 수익을 내기 위한 돈이 아니라 안전을 위한 돈이에요. CMA든 파킹통장이든, 언제든 필요할 때 바로 꺼낼 수 있다는 것이 가장 중요한 조건입니다.

Do it! 실전 연습

비상금을 모으는 단계별 전략

비상금을 모으기 전에 먼저 재무상태표에서 어떤 자산이 비상금 역할을 할 수 있는지 알아볼게요. 비상금의 핵심은 '필요할 때 즉시 현금화가 가능한 자산'이어야 한다는 점이었죠.

> 비상금으로 활용 가능한 자산 = 현금성자산

비상금 통장에 모인 돈은 '필요할 때 즉시 현금화가 가능한 자산', 즉 재무상태표에서 현금성자산으로 분류되는 것들이에요.

지금부터 월 지출의 3~6배를 모으기 위해 어떻게 해야 하는지 살펴볼까요?

비상금으로 활용할 수 있는 현금성자산 점검

| 김자산 씨의 재무상태표(2025년 5월 31일) |

자산		부채	
구분	금액(만 원)	구분	금액(만 원)
현금성자산	350	단기부채	-
저축성자산	-	장기부채	1,490
투자자산	-		
사용자산	1,000		
기타자산	-		
자산 소계	1,350	부채 소계	1,490
		순자산	-140

김자산 씨의 재무상태표를 살펴보면 현금성자산이 350만 원 있어요. 앞서 지출과 보험 최적화를 통해 개선된 김자산 씨의 월 지출 계획은 고정생활비 95만 원, 변동생활비 55만 원, 그리고 납입을 유예할 수 없는 학자금대출 상환액 10만 원까지 포함해서 매달 총 160만 원이에요.

> 김자산 씨의 개선된 계획
> - 고정생활비: 95만 원
> - 변동생활비: 55만 원(최소 변동생활비 30만 원 + 자유를 위한 돈 25만 원)

- 학자금대출 원금 상환: 10만 원
- 저축, 투자: 90만 원

유출 총합: 250만 원

    월 지출 160만 원이면 비상금이 최소 480만 원에서 최대 960만 원 있어야 하는데, 현재 김자산 씨는 350만 원밖에 없어요. 이는 예상치 못한 지출이 발생했을 때 위험에 노출되어 있다는 의미입니다.

단계적 비상금 확보 전략

김자산 씨는 정규직으로 월 소득이 일정하고, 회사도 성장하고 있어서 소득이 중단될 위험은 거의 없는 상황이에요. 하지만 서울에서 자취하고 있어서 모든 생활비를 스스로 부담해야 하고, 가족의 지원을 받기도 어려운 환경입니다. 따라서 단계적으로 비상금을 확보하되, 너무 보수적으로 접근하지 않기로 계획했어요.

    1단계로 3개월 치 비상금 확보를 목표로 합니다. 현재 350만 원에서 1단계 목표인 480만 원까지 130만 원이 부족한 상황이에요. 김자산 씨의 월 저축 여력인 90만 원을 전부 비상금 적립에 집중하면, 약 2개월 후인 2025년 7월 말에는 목표치를 달성할 수 있어요.

2단계로 6개월 치 확보를 최종 목표로 합니다. 3개월 치 비상금을 모았으니 최소한의 안전망은 확보한 거예요. 이제 960만 원을 모을 때까지 매월 10만 원씩만 비상금에 추가하고, 나머지 80만 원은 투자에 활용하면 됩니다. 이렇게 하면 완전한 안전망을 구축하면서도 기회비용을 최소화할 수 있어요.

이런 단계적 접근법의 장점은 예측하지 못한 상황에 대한 기본적인 대비를 빠르게 할 수 있다는 거예요. 3개월 치 비상금만 있어도 대부분의 긴급 상황에는 대응할 수 있거든요. 또한 3개월 치를 모은 후부터는 투자도 병행할 수 있어서 기회비용을 줄일 수 있습니다. 모든 자금을 비상금에만 쓰는 것보다 효율적인 자산 배분이 가능하죠.

저자의 실제 사례: 마이너스통장 활용법

저는 현금성자산을 비상금으로 쌓아두는 대신, 마이너스통장을 비상금 용도로 활용하고 있습니다.

마이너스통장은 평상시에는 잔액이 0원이지만 필요할 때 정해진 한도 내에서 마이너스로 사용할 수 있는 계좌예요. 사용한 금액에 대해서만 이자가 부과되고, 언제든 상환이 가능하죠. 다만 평상시에는 절대 사용하지 않는 것을 원칙으로 합니다. 정말 급한 상황에서만 활용하고, 사용 후에는 최대한 빨리 상환해요.

이 방식의 가장 큰 장점은 기회비용을 최소화할 수 있다는 점이에요. 현금을 묶어두지 않고 모든 자금을 투자에 활용할 수 있거든요. 또한 사용할 때만 이자를 내므로 비용면에서 효율적이고, 필요한 순간에 바로 쓸 수 있어서 접근성도 좋아요.

다만 이 방식은 강한 자제력이 필요해요. 평상시에는 절대 사용하면 안 되거든요. 또한 일반 대출보다 금리가 높을 수 있고, 신용도에 따라 한도가 제한될 수 있어요.

비상금을 현금성자산으로 보유하는 방식과 비교해 보면 기회비용 측면에서는 마이너스통장이 유리하지만, 심리적 안정감은 현금 보유가 더 높아요. 자제력이 필요한 정도도 다르고요. 그래서 김자산 씨처럼 돈 관리를 시작하는 사회초년생에게는 전통적인 비상금 적립을 권장하지만, 돈 관리 경험이 쌓이고 자제력에 자신이 있다면 마이너스통장 활용도 고려해 볼만한 방법입니다.

중요한 건 본인의 성향과 상황에 맞는 방식을 선택하는 거예요. 어떤 방식을 선택하든 예상치 못한 상황에 대한 대비책을 반드시 마련해 둬야 한다는 원칙은 변하지 않습니다.

CHAPTER 6

5단계:
대출 활용하기

대출 상환보다
먼저 해야 할 것들

"대출을 빨리 갚고 싶은 마음은 이해하지만,
순서가 중요해요."

대출이 있다면 무조건 빨리 갚는 것이 최선일까요? 꼭 그렇지만은 않아요. 대출 상환은 전체 재무 계획 속에서 우선순위와 효율성을 고려해야 하거든요. 특히 사회초년생에게는 대출 상환보다 먼저 해야 할 중요한 재무 과제들이 있어요.

"빚이 있는데 다른 걸 먼저 한다고?" 하고 의아해할 수 있지만, 실제로는 순서를 잘못 정하면 더 큰 문제가 생길 수 있답니다. 마치 집을 지을 때 기초공사를 제대로 하지 않고 벽부터 쌓으려는 것과 같아요. 당장 눈에 보이는 성과는 있을 수 있지만, 장기적으로는 더 큰 위험을 안게 되는 거죠.

지금부터 대출을 효과적으로 관리하기 위한 첫 번째 단계로, 대출 상환 전에 반드시 고려해야 할 재무적 우선순위를 알아볼게요.

비상금 우선의 원칙: 재대출 악순환 방지가 핵심

대출 상환보다 비상금 확보가 우선되어야 하는 이유는 비상금 없이 대출만 갚다가는 예상치 못한 상황이 발생했을 때 대응하지 못하기 때문이에요. 많은 사람이 이 함정에 빠져요. "이자가 아까우니까 빨리 갚자"라는 마음으로 모든 여유 자금을 대출 상환에 쏟아붓다가, 급한 일이 생기면 더 높은 이자의 대출을 받게 되는 거죠.

매달 들어오는 월급을 대출 갚는 데 거의 다 써서 통장 잔고가 10만 원 정도밖에 없는 상황을 생각해 보세요. 이때 갑자기 급전이 필요해서 80만 원이 급히 필요하다면? 선택지는 카드론이나 고금리 대출뿐이에요. 결과적으로 기존 대출보다 훨씬 높은 금리의 새로운 부채가 발생하게 됩니다.

또 다른 예로, 갑작스러운 실직으로 한 달째 구직 중인데 이번 달 대출 이자를 낼 돈이 없다면? 신용점수 하락, 연체료 발생, 추가 대출의 필요성이 모두 연쇄적으로 발생하죠.

결국 비상금이 없으면 대출을 갚기 위해 또 다른 대출을 받는 상황이 되는 것입니다. 이런 악순환은 결국 더 많은 이자 비용과 심리적 부담으로 이어져요. 처음에는 "이자를 아끼자"라는 좋은 취지였지만, 결과적으로는 더 많은 이자를 내게 되는 아이러니한 상황이 발생하는 거죠.

따라서 대출이 있어도 최소한 월 지출의 3배에 해당하는 비상금은 반드시 확보한 후에 본격적인 대출 상환을 시작하는 것이 현명해요.

단기 재무 목표 고려: 예측 가능한 자금 마련

대출 상환과 함께 예측 가능한 단기 재무 목표도 함께 준비해야 해요. 대출을 다 갚았는데 6개월 후에 또 큰돈이 필요하면 의미가 없어요.

예측 가능한 단기 지출들을 살펴보면, 주거 관련으로는 전세보증금 증액 요구나 이사 비용 등이 있어요. 보통 계약 만료 2~3개월 전에 임대인이 보증금 인상을 요구하는 경우가 많은데, 이때 준비가 안 되어 있으면 급하게 대출을 받아야 하죠. 이런 예정된 지출을 위한 자금 없이 모든 여유 자금을 대출 상환에 투입하면 결국 추가 대출로 이어지게 됩니다.

필수 보험 가입: 작은 보험료로 큰 위험 막기

대출이 있어도 최소한의 보험은 반드시 가입해야 해요. 보험료가 아깝다고 해서 보험 없이 지내다가 큰 사고나 질병이 발생하면 대출보다 훨씬 큰 재정적 타격을 받을 수 있거든요. 실손의료보험은 월 1만~2만 원 정도면 가입할 수 있으므로, 이 정도는 확보하고 대출 상환을 시작하는 것이 안전해요.

월 2만 원의 보험료를 아껴서 대출을 빨리 갚다가 갑자기 큰 병에 걸려서 치료비로 1,000만 원이 필요하다면, 그동안 대출 상환으로 아낀 돈보다 훨씬 큰 손실이 발생하겠죠. 보험은 대출과 달리 '예방' 효과가 있어요. 대출은 이미 발생한 부채를 줄이는 것이지만, 보험은 미래에 발생할 수 있는 더 큰 부채를 방지하는 역할을 하거든요.

특히 사회초년생처럼 자산이 많지 않은 상황에서는 보험의 중요성이 더욱 커져요. 부유한 사람이라면 큰 의료비가 발생해도 자체적으로 감당할 수 있지만, 사회초년생에게는 100만 원도 큰돈이니까요.

재무적 우선순위 결정 기준

그렇다면 구체적으로 어떤 순서로 우선순위를 정해야 할까요? 안전성에서 성장성으로 단계적으로 접근하는 거예요.

1순위는 최소 비상금(월 지출의 3배) 확보예요. 어떤 상황에서도 최소 3개월은 버틸 수 있는 자금을 먼저 확보해야 해요.

2순위는 필수 보험 가입입니다. 실손의료보험 정도는 반드시 가입하고 시작해야 해요.

3순위는 단기 재무 목표 자금이에요. 가까운 미래에 예정된 지출을 위한 준비금을 마련해야 하죠.

4순위는 고금리 대출 상환이에요. 고금리 대출부터 우선 상환하는 거죠.

5순위는 완전한 비상금(월 지출의 6배) 확보이고, 6순위는 일반 대출 상환과 투자 중 상황에 따른 선택입니다.

대출 상환은 분명히 중요한 재무 과제예요. 하지만 그보다 먼저 해야 할 일들을 차근차근 준비하고 나서 접근하는 것이 더 안전하고 효율적이에요. 급한 마음에 순서를 뒤바꾸면 오히려 더 오랫동안 빚에 시달릴 수 있다는 점을 기억하세요.

✦ **SUMMARY**

▸ 대출 상환보다 비상금 확보가 우선이에요.
▸ 단기간 내 예상되는 지출도 미리 준비해야 불필요한 추가 대출을 막을 수 있어요.
▸ 최소한의 보험은 대출 상환과 관계없이 반드시 가입하세요.

대출이 있는데 투자해도 될까?

"단순 비교는 금물!
개인의 상황이 중요해요."

"대출이 있는데 투자를 시작해도 될까요?" 이는 많은 사회초년생이 고민하는 문제예요. 학자금대출이 2,000만 원 남아 있는데 주식에 투자해도 되는지, 아니면 대출부터 갚아야 하는지 말이죠. 이는 단순히 수학적 계산만으로는 해결되지 않는 복잡한 의사결정입니다.

이 고민의 핵심은 '확실성과 불확실성 사이의 선택'입니다. 대출 상환은 확실한 수익률을 보장하지만, 투자는 더 높은 수익 가능성과 함께 손실 위험도 동반하거든요. 지금부터 대출 상환과 투자 사이의 균형점을 찾기 위한 체계적 접근법을 알아볼게요.

단순한 금리 비교의 함정

많은 사람들이 '대출 이자율 vs. 투자 수익률'만 비교해서 결정하려고 해요. 순수하게 수학적으로는 대출 이자율보다 투자 수익률이 높을 것으로 예상되면 투자를, 그렇지 않으면 대출 상환을 우선해야 하죠. 하지만 현실에서는 이런 단순 비교가 위험해요.

3% 이자의 대출이 있고 예상 투자 수익률이 5%라면 투자가 유리해 보여요. 하지만 여기에는 중요한 전제가 있어요. 바로 투자 수익이 보장된다는 가정입니다. 실제로는 투자 수익률이 예상보다 적을 수도 있고, 심지어 원금을 잃을 수도 있거든요.

반면 대출 상환은 어떨까요? 연 3% 대출을 상환하는 건 연 3%의 확실한 수익을 얻는 것과 같아요. 세금도 없고, 변동성도 없고, 100% 확실하죠. 투자는 '기대 수익률'이지만, 대출 상환은 '확정 수익률'이라는 근본적인 차이가 있어요.

게다가 투자에는 숨겨진 비용들이 있어요. 세금, 매매수수료, 환전수수료 등이 실제 수익률을 깎아 먹어요. 투자 수익의 15.4%를 세금으로 내면, 실제 세후 수익률은 더 낮아집니다. 5% 수익률에서 세금을 빼면 실제로는 4.2% 정도가 되는 거죠. 반면, 대출 상환은 세금이 없어요.

결국 단순 비교보다는 '확실성의 가치'를 인정해야 합니다. 때로는 조금 낮은 수익률이라도 확실한 것이 더 나은 선택일 수 있어요.

대출 조건에 따른 전략적 판단

대출이라고 다 같은 건 아니에요. 대출의 종류와 조건에 따라 '상환 vs. 투자'의 우선순위가 달라집니다. 이를 체계적으로 분석해 볼게요.

① 고금리 대출: 무조건 상환 우선

카드론, 현금서비스, 사채 등의 고금리 대출이 있다면 투자보다 상환을 우선해야 해요. 이런 대출은 투자로 달성하기 어려운 수준의 금리입니다. 또 이런 대출은 신용점수를 떨어뜨릴 수 있어서 무조건 빨리 갚는 게 유리해요.

예를 들어 카드론 금리가 연 15%라면, 투자로 이를 넘는 수익을 꾸준히 내기는 거의 불가능해요. 설령 가능하다 하더라도 그에 따르는 위험이 너무 크죠. 이런 경우는 고민할 필요 없이 대출 상환이 답입니다.

② 정부 지원 저금리 대출: 투자 우선 고려

반면 정부 지원 저금리 대출은 다른 접근이 필요해요. 학자금대출 같은 건 시중 금리보다 훨씬 낮은 조건이므로 굳이 서둘러 갚을 필요가 없거든요.

학자금대출 금리가 연 1~2%대라면, 대출을 갚는 대신 그 돈으로 투자해서 장기적으로 더 큰 수익을 얻는 것이 현명한 선택일 수 있어요. 또한 버팀목 전세자금대출은 전세 계약이 끝날 때 돌려받은 보증금으로 원금을 상환하면 되니까, 대출 이자는 저렴한 월세라고 생각해도 무방합니다.

③ 대출 만기의 중요성

대출 만기도 중요한 판단 기준이에요. 만기가 1년 미만으로 임박했다면 투자보다 상환을 우선하는 것이 안전합니다. 왜냐하면 만기 시점에 투자가 손실 상태라면 손해를 감수하고 투자금을 회수해야 하거나, 대출을 연장해야 하는데 조건이 나빠질 수 있거든요.

변동금리 대출인지 고정금리 대출인지도 고려해야 해요. 고정금리 대출이라면 금리 변동 위험이 없지만, 변동금리 대출이라면 금리가 오를 위험을 고려해야 합니다. 금리 상승기에는 변동금리 대출의 부담이 계속 커질 수 있어요.

개인 상황에 따른 맞춤형 접근

대출과 투자 사이의 선택은 개인의 상황에 따라 달라져야 해요. 같은 조건의 대출이라도 개인의 소득 안정성, 나이, 가족 상황 등에 따라 최적의 선택이 다르거든요.

① 소득 안정성과 위험 감수 능력

공무원이나 안정적인 직장에 다니는 정규직이라면 일정한 소득으로 투자 손실을 만회할 수 있어서 어느 정도의 위험은 감수할 수 있어요. 반면 프리랜서나 계약직처럼 소득이 불안정하다면 투자 손실이 치명적일 수 있으므로 안정적인 대출 상환을 우선하는 게 좋습니다.

나이도 중요한 요소예요. 20대는 시간이 많아서 손실을 만회할 기회가 충분하지만, 30대 후반으로 갈수록 결혼, 육아 등으로 안정성이 더 중요해지죠.

② 대출 상환 여력

월 소득 대비 대출 이자도 중요한 판단 기준이에요. 소득의 30%가 넘는 금액이 대출 이자로 나간다면 생활비 압박이 심하고 저축도 어려워집니다. 월 소득이 200만 원인데 대출 이자만 70만 원이라면 남은 130만 원으로 생활하고 저축하기가 쉽지 않을 거예요.

이런 경우 수학적으로는 투자가 유리해도 대출 상환을 우선해야 합니다. 소득에 비해 대출 이자가 많으면 삶의 질이 심각하게 떨어지거나 다른 재무 목표를 포기해야 할 수 있거든요. 이자 부담이 압박감을 준다면 최대한 빨리 대출 원금을 줄여 심적, 재정적 안정을 확보하는 것이 낫습니다.

③ 심리적 부담의 현실적 가치

"대출이 있다는 것만으로도 밤잠을 설쳐요"라고 하는 분들이 있어요. 빚에 대한 심리적 부담이 크다면 대출 상환을 우선하는 것이 합리적인 선택일 수 있어요. 완전한 부채 상환이 심리적 자유를 가져온다면, 그 가치는 단순한 금리 비교보다 클 수 있습니다.

<u>개인의 성향과 가치관을 솔직하게 인정하는 것이 중요해요.</u> 남들이 뭐라고 하든, 본인이 편안하게 느끼는 방향으로 가는 것이 장기적으로 더 지속 가능한 전략입니다. 다만 감정에만 의존한 결정은 경계해야 해요. 객관적인 분석 후에 심리적 요소를 추가로 고려하는 것이 바람직합니다.

지금까지 살펴본 내용을 정리해 볼게요. 이 가이드는 절대적인 기준이 아니라 의사결정을 도와주는 참고 자료로 활용하세요.

즉시 상환해야 하는 경우
- **고금리 대출(연 7% 이상)**: 투자로 안정적 고수익 달성 어려움
- **대출 만기 1년 미만**: 투자 손실 시 강제 매도 위험

- **소득 대비 대출 부담 30% 이상**: 생활비 압박으로 인한 스트레스
- **심리적 부담이 심한 경우**: 정신적 안정감의 가치

투자를 고려할 수 있는 경우

- **정부 지원 저금리 대출(연 3% 이하)**: 장기 투자 수익률이 높을 수 있음
- **안정적 소득과 충분한 비상금**: 투자 여유와 리스크 감수 능력
- **젊은 나이와 장기 투자 계획**: 시간을 통한 위험 분산 가능
- **대출 조건이 유리한 경우**: 만기 연장 가능, 고정금리 등

이 가이드를 참고하되, 실제 결정을 내릴 때는 자신의 상황과 성향을 종합적으로 고려해야 해요. 대출과 투자 사이의 선택에 정답은 없어요. 사람마다 최적의 답이 달라지거든요. 중요한 건 충분한 정보를 바탕으로 결정하는 거예요.

✦ SUMMARY

▸ 단순한 금리 비교보다는 세후 수익률과 개인의 상황 등을 종합적으로 고려하세요.
▸ 대출 조건과 소득 안정성, 리스크 감수 능력에 따라 전략을 달리하세요.
▸ 심리적 안정감도 중요한 판단 기준이에요.

신용점수 관리법: 수백만 원을 좌우하는 작은 습관

"신용점수는 꾸준한 관리가 필요해요."

신용점수가 대출 이자에 미치는 영향은 충격적으로 큽니다. 같은 금액을 빌려도 신용점수가 낮으면 높은 사람에 비해서 3배 정도 많은 이자를 지불해야 해요. 전국은행연합회 자료에 따르면, 신용점수에 따라 대출금리가 최대 약 10%p까지 차이가 납니다(2024년 7월 일반신용대출 대출금리 공시 기준). 실제 이자로 치면 수백만 원 이상의 차이가 날 수 있다는 의미예요.

신용점수 기초:
알아두면 유용한 핵심 개념

신용점수는 개인의 신용을 평가하는 지표입니다. 0~1,000점 사이로 산정되고 1,000점에 가까울수록 신용점수가 높다고 평가합니다. 신용점수가 높으면 대출 승인 확률이 높아지고 더 낮은 금리로 대출받을 수 있어요.

많은 사람이 신용점수를 자주 확인하면 점수가 떨어진다고 생각하는데, 이는 잘못된 정보입니다. 신용평가기관에서는 단순 조회 기록만으로는 점수에 영향을 주지 않는다고 안내하고 있어요. 즉 본인이 직접 신용점수를 확인하는 건 점수에 영향을 미치지 않습니다. 오히려 정기적으로 확인해서 관리하는 것이 좋아요.

신용점수는 NICE신용평가, 올크레딧(KCB) 등 신용평가기관에서 산출하며, 각 기관마다 점수가 조금씩 다를 수 있어요. 신용평가기관이나 한국신용정보원에서 조회할 수 있고 토스, 뱅크샐러드 등 자산 관리 앱에서도 무료로 확인 가능하니 주기적으로 체크해 보세요.

신용점수 올리는 법:
돈 관리 초보자를 위한 실전 가이드

① 연체는 절대 금물

신용점수 관리의 가장 기본이면서 가장 중요한 원칙은 절대 연체하지 않는 것입니다. 은행 대출, 신용카드 대금 같은 모든 금융거래는 물론이거니와 국세, 지방세, 건강보험료, 공공요금, 통신비처럼 비금융 거래정보에 해당하는 비용 역시 절대 체납하면 안 돼요.

통장 쪼개기를 할 때 특히 주의해야 할 부분도 바로 이거예요. 연체가 발생하지 않도록 시스템을 정교하게 세팅하는 거죠. 모든 고정비를 자동이체로 설정하고, 자동이체일을 월급날 이후로 정확하게 맞춰야 해요. 고정생활비는 매달 조금씩 달라지니 고정생활비 통장에 10만 원 정도 여유 자금을 남겨두는 게 좋아요. 한 번의 실수로 연체가 발생하면 신용점수 회복에 상당한 시간이 걸리거든요.

② 신용카드 현명하게 활용하기

신용카드를 사용하는 것도 신용점수에 영향을 미칩니다. 신용카드를 사용하고 연체 없이 납부하면 오히려 신용점수에 긍정적이에요. 하지만 사용률 관리가 중요해요. 한도를 꽉 채워서 쓰지 말고, 전체 한도의 30~50% 범위에서 사용하세요. 50%를 넘게 사용했다면 일부 선결제를 통해 한도 관리를 하는 게 신용점수에 도움이 됩니다. 핵심은 적절히 사용하면서도 절제하는 거예요.

③ 리볼빙 해지하기

특히 주의해야 할 것이 리볼빙이에요. 리볼빙이란 신용카드 대금의 일부만 결제하고 나머지는 다음 달로 이월하는 서비스예요. 리볼빙을 장기간 사용하면 '상환 능력에 문제가 있을 수 있음'으로 해석되어 신용점수 하락 요인이 됩니다. 나도 모르는 사이에 리볼빙이 설정되어 있어 낭패를 보는 경우도 있으니 주의하세요.

리볼빙 해지는 간단해요. 사용하고 있는 카드 앱에서 '일부 결제금액 이월약정(리볼빙)' 메뉴를 찾아 설정을 해지하고, 기존 리볼빙 잔액은 최대한 빨리 상환하면 됩니다.

④ 꾸준한 정보 업데이트로 신용도 높이기

소득과 재산 정보를 주기적으로 업데이트하는 것도 신용점수 향상에 도움이 돼요. 뱅크샐러드나 토스 등 자산 관리 앱에서 손쉽게 업데이트할 수 있습니다.

소득금액증명원 등을 제출하면 '이 사람은 안정적인 소득이 있구나'라고 평가받을 수 있어요. 또한 통신비·보험료 납부 실적, 적금 납입 실적 등도 성실성을 보여주는 좋은 자료가 됩니다.

⑤ 정기적인 모니터링의 중요성

월 1회 정도는 신용점수를 점검하세요. 가끔 본인도 모르게 신용점수가 떨어져 있을 수 있어요. 신용점수 하락 원인에는 여러 종류가 있지만, 자산 관리 앱에서는 자세한 하락 원인을 확인할 수 없는 경우가 많아요.

이런 경우 신용평가기관의 고객센터에 전화해 직접 확인해야 해요. 귀찮더라도 하락 원인을 빨리 발견해서 정정해야 합니다.

신용점수 하락의 원인으로는 카드 결제 대금 미납, 단기간 내 여러 개의 신용카드 발급, 제2금융권 대출 실행, 신규 대출 또는 대출 건수 증가, 통신비나 공공요금 연체, 일시불 거래보다 할부 거래가 많은 경우 등이 있어요.

젊을 때부터 신용관리 습관을 들이면, 나중에 집을 살 때나 사업을 시작할 때 훨씬 유리한 조건으로 자금을 조달할 수 있습니다. 지금 당장은 체감되지 않을 수 있지만, 몇 년 후에는 이런 작은 습관들의 차이가 큰 결과로 나타날 거예요.

복수 대출 동시 관리 전략: 우선순위와 실행 노하우

*"신용점수에 악영향을 주는 대출은
무조건 최우선으로 정리하세요."*

앞서 대출과 투자 중 무엇을 먼저 할지 알아봤어요. 하지만 현실에서는 이보다 더 복잡한 상황이 많습니다. 학자금대출 1,500만 원, 전세대출 1억 원, 급하게 받은 신용대출 500만 원, 그리고 카드론 200만 원까지. 이렇게 여러 개의 대출이 동시에 있을 때는 어떤 전략으로 접근해야 할까요?

무작정 갚기보다는 전략적으로 접근해야 해요. 잘못된 순서로 상환하면 불필요하게 이자를 더 많이 내거나, 신용점수까지 망칠 수 있거든요. 여러 개 대출을 효율적으로 관리하는 구체적인 방법과 실전 노하우를 알려드릴게요.

복수 대출 상환의 3단계 우선순위

여러 개의 대출이 있을 때는 단순히 금리만 보고 결정하면 안 돼요. 신용점수에 미치는 영향, 심리적 부담, 실질적 효과를 종합적으로 고려한 3단계 접근법이 필요합니다.

1단계: 신용파괴형 대출 즉시 정리

가장 먼저 해결해야 할 것은 신용점수를 지속적으로 갉아먹는 대출들이에요. 이런 대출들은 금리가 낮더라도 최우선으로 정리해야 합니다.

리볼빙과 카드론(장기카드대출)이 대표적이에요. 리볼빙은 금리도 높을 뿐만 아니라 장기간 유지하면 신용점수에 악영향을 미쳐요. 카드론도 마찬가지고요. 제2금융권 대출(캐피탈, 저축은행 등)도 여기에 포함됩니다. 이런 대출들은 계속 들고 가면 점점 더 높은 이자와 한도 축소가 뒤따르므로 가장 먼저 상환해야 해요.

2단계: 소액 대출 상환으로 성취감 확보

신용파괴형 대출을 정리했다면, 다음은 금액이 작은 대출부터 갚아나가세요. 이는 심리적 효과를 위한 전략이에요. 덩치 작은 빚을 없애서 '건수'를 줄이면, 심리적 해방감뿐만 아니라 돈을 모으는 추진력을 얻을 수 있거든요.

예를 들어 1,000만 원 대출과 100만 원 대출이 있다면, 100만 원 대출부터 갚는 겁니다. 1,000만 원 대출이 금리가 조금 더 높더라도 말이에요. "하나 없앴다!"라는 성취감이 다음 대출을 갚는 동기부여가 되거든요.

또한 대출 건수가 많으면 원리금 상환 날짜도 제각각이라 연체가 생길 가능성이 더 커요. 건수를 줄이는 것만으로도 관리 부담이 크게 줄어듭니다.

3단계: 금리 순서로 효율성 추구

신용파괴형 대출과 소액 대출을 정리했다면, 이제는 순수하게 금리 순서로 상환해서 이자 부담을 최대한 줄입니다. 이 단계에서는 수학적 계산이 중요해요.

기타 고려사항과 대출현황표

일반적인 우선순위 외에도 고려해야 할 사항들이 있어요.

기타 고려사항

- **만기 임박 대출 처리**

  만기가 1년 이내로 임박한 대출이 있다면 금리와 상관없이 우선 처리를 고려해야 해요. 만기 연장이 어렵거나 조건이 나빠질 가능성이 있거든요.

- **변동금리 대출의 리스크 관리**

  변동금리 대출이 있다면 금리 상승 리스크를 고려해야 해요. 금리 상승기에는 변동금리 대출의 부담이 계속 커질 수 있거든요.

- **중도상환 수수료 확인**

  대출을 빨리 갚기 전에 중도상환 수수료를 반드시 확인하세요. 수수료가 너무 크면 오히려 손해일 수 있어요. 특히 초기 몇 년간은 중도상환 수수료가 높은 상품들이 많으니 주의가 필요해요.

여러 대출을 동시에 관리하다 보면 실수로 연체가 발생할 수 있습니다. 한 번의 연체 때문에 신용점수가 떨어지면 다른 대출 조건까지 나빠질 수 있어요. 자동이체를 최대한 활용하고, 상환일자를 통일하거나 달력에 표시해 두는 등의 방법으로 연체를 방지해야 합니다.

결국 복수 대출을 효율적으로 관리하려면 먼저 현재 상황을 정확히 파악해야 합니다. 대출 현황표를 만들어서 한눈에 볼 수 있도록 정리하는 거예요.

대출 현황표 필수 항목
- 대출 종류와 금융기관명
- 대출 실행일과 만기일
- 최초 대출금액과 현재 잔액
- 금리와 금리 유형(고정금리, 변동금리)
- 월 상환액과 상환 방법(원리금균등상환, 원금균등상환, 만기일시상환)
- 특이사항(중도상환 수수료, 우대금리 조건 등)

복수 대출 관리는 우선순위를 정확히 세우고, 꾸준히 실행한다면 분명히 모든 대출에서 자유로워질 수 있을 거예요. 가장 중요한 건 포기하지 않는 것입니다. 여러 개의 대출이 부담스럽게 느껴질 수 있지만, 올바른 전략과 꾸준한 실행으로 충분히 극복할 수 있어요. 한 개씩 정리해 나가는 성취감을 느끼면서 재정 자유에 한 발짝씩 다가가길 바랄게요.

Do it! 실전 연습

대출 상환으로 순자산 늘리기

많은 사람이 대출 상환을 단순히 '빚을 갚는 일'로만 생각하는데, 돈 관리 관점에서 보면 대출 상환은 저축과 동일한 효과를 내는 순자산 증대 활동이에요. '월 10만 원 학자금대출 원금 상환'과 '월 10만 원 저축'이 순자산에 미치는 영향은 똑같거든요.

| 저축과 상환에 따른 순자산 증가 |

김자산 씨가 학자금대출 원금 10만 원을 상환하면 재무상태표에서 장기부채가 10만 원 줄어들어요. 결과적으로 순자산이 10만 원 증가하는 거죠. 이는 10만 원을 적금에 넣어서 저축성자산이 10만 원 늘어나는 것과 동일한 효과입니다.

그래서 대출 상환을 '돈이 나가는 지출'로 생각하지 말고 '순자산을 늘리는 저축'의 개념으로 인식하는 것이 중요해요. 사회초년생은 빚을 갚을 때 "매달 꾸준히 순자산을 늘리고 있다"라는 뿌듯함을 가져야 합니다.

명확한 대출 구분 필요성

대출을 체계적으로 관리하려면 재무상태표에서 부채를 정확히 분류해야 해요. 단순히 '대출 얼마'로 적는 게 아니라 단기부채와 장기부채로 명확히 구분해야 합니다. 단기부채는 1년 이내에 갚아야 하는 대출로, 신용카드 미결제 금액이나 만기가 임박한 대출들이 여기에 포함돼요. 만기가 임박한 대출을 갚을 여력이 없다면 연장이 가능한지, 연장이 안 된다면 다른 금융기관에서 대환대출(기존에 빌린 대출을 동일 금융회사의 다른 대출이나 타 금융회사의 대출로 상환하는 것)이 가능한지를 미리 알아봐야 합니다.

장기부채는 1년 이후에 상환하면 되는 대출들로, 학자금대출이나 전세자금대출 같은 것들이 여기에 해당해요. 하지만 장기부채라고 맘 놓고 있으면 안 돼요. 만기 시 한 번에 거액의 돈이 나갈 수 있는 대출은 미리 상환계획을 세워둬야 합니다.

대출 관리 전략 가이드

김자산 씨가 가지고 있는 대출 조건을 상세히 살펴보겠습니다.

| 김자산 씨의 대출 현황 분석 |

구분	내용
대출 종류	한국장학재단 학자금대출
최초 대출액	1,500만 원
현재 잔액	1,490만 원(2025년 5월 말 기준)
대출금리	연 1.7%(변동금리)
월 상환액	12만 원(원리금균등상환)
만기	2037년(약 12년 남음)
중도상환수수료	없음
우대금리	자동이체 시 0.1% 추가 우대
상환 방식	취업 후 의무 상환

이렇게 정리해 두면 가끔 은행 홈페이지나 앱에서 찾아볼 때보다 훨씬 기억하기 쉽고, 전체적인 부채 현황을 한눈에 파악할 수 있어요. 특히 대출이 여러 개 있을 땐 각 대출의 조건을 깜박하기 쉬운데, 엑셀로 관리하면 이런 문제를 방지할 수 있습니다.

김자산 씨의 학자금대출은 연 1.7%라는 매우 낮은 금리로 되어 있어요.

이는 현재 시중 금리와 비교해도 상당히 유리한 조건입니다. 단점은 변동금리라는 거예요. 금리가 상승할 때 대출 이자가 늘어날 위험이 있어요.

하지만 김자산 씨는 안정적인 직장에 다니고 있어서 소득 중단 위험이 크지 않아요. 비상금도 체계적으로 확보하고 있고, 나이도 젊어서 투자 손실을 만회할 시간적 여유가 충분합니다. 이런 조건들을 종합해 보면 김자산 씨는 대출 상환보다는 투자를 우선하는 것이 유리해요.

김자산 씨의 학자금대출 1,490만 원이 현재로서는 부담스러워 보일 수 있지만, 장기적 관점에서 보면 크게 걱정할 필요가 없어요. 매월 약 10만 원씩 원금을 상환하면서 동시에 투자를 통해 자산을 늘려가다 보면, 몇 년 후에는 대출 잔액보다 투자자산이 훨씬 커지게 돼요.

예를 들어 10년 후 김자산 씨의 상황을 예상해 보면, 학자금대출 잔액은 약 200만 원대로 줄어들고 투자자산은 수천만 원 규모로 성장할 거예요. 그때 가서 투자자산의 일부를 활용해서 대출을 일시 상환해도 늦지 않아요.

결국 중요한 건 대출을 단순히 '빚'으로만 보지 않고, 전체 재무 계획 속에서 효율적으로 활용할 수 있는 '자금 조달 수단'으로 인식하는 거예요. 특히 김자산 씨처럼 유리한 조건의 대출이라면 이를 잘 활용해서 더 빠른 자산 증식을 도모하는 것이 현명한 선택입니다.

CHAPTER 7

6단계:
정부 금융상품 혜택 누리기

놓치면 손해인
정부 지원 상품들

"정책 상품은 시기를 놓치면
다시 기회가 오지 않을 수 있어요."

정부는 청년층의 자산 형성을 위해 다양한 지원 상품들을 내놓고 있어요. 일반 금융상품과는 비교할 수 없을 정도로 좋은 조건이죠. 하지만 많은 사람이 이런 혜택이 있는지도 모르고 지나치거나 관심을 두지 않아요.

정책 상품은 대부분 가입기간, 연령, 소득 기준 등의 조건이 있어서 놓치면 다시 오지 않습니다. 20~30대에만 가입할 수 있는 상품을 40대일 때 알게 되면 아무리 후회해도 소용없거든요.

구체적인 상품들을 소개하기에 앞서, 왜 이런 정책 상품에 지속적으로 관심을 가져야 하는지, 그리고 어떻게 하면 좋은 기회를 놓치지 않을 수 있는지 알아보겠습니다. 중요한 건 특정 상품 하나하나를 외우는 게 아니라, 평생에 걸쳐 이런 기회를 포착할 수 있는 안테나를 기르는 거예요.

정보 수집 시스템 만들기

정책 상품은 정책 방향, 예산 사정, 경제 상황, 정치적 환경에 따라 수시로 변합니다. 정부 예산 상황이 변하면 지원 규모가 줄어들 수 있고, 정책 효과가 기대만큼 나오지 않으면 제도가 폐지될 수도 있어요. 반대로 새로운 사회 문제가 대두되면 새로운 지원 상품이 갑자기 등장하기도 하죠.

"그럼 어떻게 해야 하나요? 매일 정부 홈페이지를 확인하라는 건가요?" 하는 의문이 생길 수 있어요. 지속적으로 좋은 기회를 포착하려면 개인만의 정보 수집 시스템을 만들어야 해요.

가장 효과적인 방법은 여러 채널을 통해 자연스럽게 정보가 들어오도록 환경을 만드는 거예요. 경제·재테크 뉴스레터를 구독하고, 재테크 커뮤니티에 가입하는 식으로 말이죠. 소셜미디어도 유용한 정보원이에요. 재테크 유튜버나 블로거들도 새로운 정책상품에 대해 자주 다루니까 몇 개 채널을 구독해 두는 것도 좋아요.

중요한 건 가입만 해놓는 게 아니라 출근하면서 30분씩 읽는 습관을 들이는 거예요. 또 본인의 상황에 맞는 정말 좋은 상품 정보를 알게 되면 바로 자격 조건을 확인하고, 조건에 맞으면 신청하는 습관을 들여야 해요. "나중에 해야지" 하고 미루다가 신청 기간이 지나버리는 경우가 정말 많거든요.

사회초년생을 위한 무료 경제·재테크 뉴스레터 추천

무료로 이용할 수 있는 경제·재테크 뉴스레터 서비스 4가지를 소개할게요.

1. 어피티(UPPITY)
어피티는 경제 공부 입문용으로 제격입니다. 사회초년생의 관점에서 경제 상식, 경제 트렌드 등을 설명해 초보자들도 쉽고 재밌게 읽을 수 있습니다.

2. 뉴닉(NEWNEEK)
뉴닉은 경제 분야에 한정된 뉴스레터가 아닌 정치, 경제, 세계, AI·테크, 문화 등 총 13개 분야의 핫한 이슈를 매일 다양하게 선별해 소개합니다.

3. 순살브리핑
모건스탠리 출신 금융전문가가 운영하는 뉴스레터로, 국내 경제 이슈가 아닌 글로벌 금융, 경제 이슈를 다룹니다.

4. 부딩
밀레니얼을 타깃으로 하는 부동산 뉴스레터입니다. 부딩은 내 집 마련, 청약 정보, 청년 정책 정보 등 사회초년생에게 꼭 필요한 주제들을 알기 쉽게 다룹니다.

현명한 활용을 위한 주의사항

정책 상품이 좋다고 해서 무조건 모든 상품에 가입하는 건 현명하지 않아요. 분명한 장점이 있지만 한계와 제약사항도 있거든요.

대부분의 정책 상품은 중도 해지 시 불이익이 있어요. 정책 상품 중 하나인 청년도약계좌도 5년 이상 유지해야 완전한 혜택을 받을 수 있고, 청약통장도 중도 해지하면 가입기간이 리셋됩니다. 그래서 가입 전 반드시 나이, 소득, 자산 등의 자격 조건을 정확히 확인하고, 의무유지기간과 중도 해지 시 손실을 파악해야 해요. 용도 제한이 있는지, 목적 외 사용 시 패널티가 있는지도 확인해야 하고요. 납입 한도나 혜택 한도가 있는지도 미리 알아둬야 합니다.

==정책 상품만으로는 완전한 재무 계획을 세울 수 없습니다.== 이런 상품들은 기본적인 돈 관리 원칙을 지키면서 추가 혜택으로 활용하는 것이 올바른 접근법이에요. 비상금 확보, 적절한 보험, 자산 배분 등의 기본기를 갖춘 후에 정책 상품을 활용해야 하죠.

다음으로는 현재 시점에서 사회초년생들이 활용할 수 있는 대표적인 정부 지원 상품들을 구체적으로 알아볼 거예요. 하지만 기억하세요. 이 상품들도 언제든 변할 수 있고, 새로운 상품들이 등장할 수도 있어요. 중요한 건 이런 변화를 빠르게 감지하고 대응할 수 있는 역량을 갖추는 것입니다.

✦ SUMMARY

- ▸ 자연스럽게 정보가 들어오도록 나만의 정보 수집 시스템을 만드세요.
- ▸ 좋은 혜택만큼 제약사항도 있으니 신중하게 검토 후 가입하세요.
- ▸ 정책 상품은 전체 재무 계획의 추가 혜택 정도로 생각하고 전략적으로 활용하세요.

청약통장,
내 집 마련의 첫걸음

"청약통장이 없어서 기회를 놓치는 것만큼
억울한 일은 없어요."

"요즘 집값이 너무 비싸서 언제 집을 살 수 있을지 모르겠어요." 많은 사회초년생이 하는 말이에요. 월급으로는 언제 집을 살 수 있을지 막막하죠. 하지만 포기하기엔 이르다는 얘기를 하고 싶어요. 왜냐하면 '새 아파트'를 시세보다 훨씬 저렴하게 살 수 있는 기회가 있거든요. 바로 청약을 통해서요.

청약통장은 청약 신청 자격을 갖추기 위해 가입하는 통장으로, 정확한 명칭은 주택청약종합저축이에요(과거 청약저축, 청약예금, 청약부금, 주택청약종합저축 등 여러 형태가 있었는데, 2015년부터 주택청약종합저축으로 통합되었어요).

"그래도 당장 집 살 계획도 없는데 꼭 해야 하나요?"라고 생각할 수 있지만, 청약통장은 시간이 지날수록 가치가 높아지는 '시간형 자산'이에요. 지금 당장은 필요성을 못 느껴도, 5년 후, 10년 후에는 분명히 그 가치를 실감하게 될 거예요.

청약통장이 제공하는 진짜 기회

청약은 새로 분양하는 아파트를 먼저 살 수 있는 기회를 누구에게 줄지 정하는 제도예요. 이미 지어진 중고 아파트를 살 때는 청약이 필요 없지만, 새로 분양하는 아파트를 사려면 '청약'을 통해 당첨 기회를 얻어야 합니다.

왜 사람들이 청약을 로또라고 표현할까요? 신규 분양 아파트는 정부에서 정한 분양가 상한제 때문에 주변 시세보다 훨씬 저렴하게 분양해요. 정부가 집값 안정을 위해 분양가를 통제하기 때문이죠. 그래서 당첨되면 상당한 시세차익을 기대할 수 있어요.

물론 모두 대박은 아니에요. 지역이나 시기에 따라 차이가 있고, 당첨 확률도 지역과 평수에 따라 천차만별이죠. 하지만 중요한 건 기회 자체예요. 청약통장이 없으면 이런 기회에 아예 참여할 수 없거든요.

① 시간이 만드는 청약통장의 가치

청약통장은 가입 후 시간이 지날수록 가치가 높아져요. 당첨 확률에는 무주택기간, 가입기간, 납입인정금액, 납입횟수 등이 영향을 주는데, 이 중에서 가입기간, 납입인정금액, 납입횟수는 일찍 시작할수록 유리합니다. 그래서 집을 살 계획이 없어도 일단 시작하는 게 중요한 거예요. 특히 2024년부터는 미성년자의 가입기간도 최대 5년까지 가점 산정에 반영됩니다.

② 소득공제 혜택

청약통장의 또 다른 매력은 절세 효과입니다. 연말정산할 때 청약통장에 납입한 금액의 40%를 소득공제 받을 수 있어요. 이건 상당히 큰 혜택이에요.

구체적으로 계산해 보면, 내가 올해 240만 원을 청약통장에 넣으면 96만 원(240만 원의 40%)을 소득공제 받아요. 내 세율이

16.5%라면 약 16만 원의 세금을 아낄 수 있는 거죠. 월 20만 원씩 납입하면 연간 16만 원의 세금을 아끼는 셈이니, 이를 수익률로 환산하면 연 6.6% 정도의 효과예요.

단, 소득공제는 총급여 7,000만 원 이하(2025년 기준)인 직장인이면서 그해 12월 31일 기준으로 무주택 세대의 세대주와 배우자만 가능해요. 그리고 아무리 많이 넣어도 연 납입액 300만 원까지만 소득공제 받을 수 있어요.

현실적인 청약 전략: 월 10만 원부터 시작

"그럼 얼마나 넣어야 하나요?" 많은 분이 궁금해하는 부분이에요. 청약통장은 매달 2만 원부터 최대 50만 원까지(잔액이 1,500만 원 미만일 때는 초과 납입 가능) 자유롭게 넣을 수 있지만, 25만 원 이상 납입해도 청약 점수에는 매달 25만 원까지만 반영돼요(2024년 11월부터 10만 원 → 25만 원으로 납입인정금액 상향).

하지만 사회초년생에게 월 25만 원은 부담스러운 금액일 수 있어요. 그래서 개인적으로는 월 10만 원부터 시작하기를 추천합니다. 부담 없이 시작해서 소득이 늘어나면 점차 늘려가는 방식이 지속 가능해요.

만약 내가 국민주택에 관심이 있다면, 소득 증가에 맞춰 점진적으로 늘려 나가는 게 좋아요. 국민주택 청약은 납입횟수와 납입 총금액이 당첨 확률에 영향을 주거든요.

국민주택 vs. 민영주택

청약에는 크게 국민주택과 민영주택 2가지가 있어요. 둘의 차이를 알아두면 전략을 세우는 데 도움이 됩니다.

1. 국민주택: 저렴하지만 까다로운 조건
국민주택은 국가나 LH 등 공공기관에서 공급하는 주택이에요. 전용면적 85㎡(약 25.7평) 이하로 제한되어 있고, 분양가가 저렴한 만큼 무주택자 등 청약 조건이 까다로워요. 분양가는 저렴하지만, 시세차익은 상대적으로 적을 수 있습니다.

2. 민영주택: 브랜드 아파트의 기회
민영주택은 시공사가 짓는 아파트로, 우리가 알고 있는 래미안, 푸르지오 등 브랜드 아파트를 말해요. 입지와 상품성이 좋을수록 경쟁이 치열하고, 시세차익은 크지만 당첨되기 위해서는 높은 가점이 필요합니다.

민영주택 청약에는 지역별 예치금 기준이 있어요. 예치금이란 청약 신청을 위해 통장에 들어 있어야 하는 최소 금액이에요. 이 금액을 달성해야 신청할 수 있어서 반드시 채워둬야 합니다.

| 지역별 최소 예치금(단위: 만 원) |

	서울/부산	기타 광역시	기타 시/군
85㎡ 이하	300	250	200
102㎡ 이하	**600**	**400**	300
135㎡ 이하	1,000	700	400
모든 면적	1,500	1,000	500

예를 들어 부산에 거주하는 사람이 102㎡ 이하 민영아파트에 청약하려면, 청약통장에 최소 600만 원이 들어 있어야 해요. 반면 인천에 거주하는 사람은 400만 원만 들어 있으면 돼요. 즉, 예치금은 청약하려는 주택 지역이 아니라, 입주자 모집공고일 기준으로 '신청자의 주민등록상 거주 지역'에 따라 달라집니다. 일정, 자격, 신청방법 등 청약에 관련된 자세한 내용은 청약홈(www.applyhome.co.kr)에서 확인할 수 있어요.

| 청약홈 화면 |

절대 해지하지
말아야 하는 이유

청약통장에서 가장 중요한 원칙이 하나 있어요. 바로 절대 해지하지 않는 것입니다. 청약통장은 중도 해지 시 가입기간이 완전히 리셋되거든요. 몇 년간 쌓아온 가입기간이 한순간에 사라지는 거예요.

    정말 급한 돈이 필요하면 청약통장담보대출을 받는 것이 낫습니다. 가입기간은 유지하면서 필요한 자금을 조달할 수 있거든요. 대출 이자를 내더라도 가입기간을 지키는 게 장기적으로는 훨씬 유리해요.

당장 내일부터라도 은행에 가서 청약통장을 만드세요. 중요한 건 지금 당장 시작하는 거예요. 1년 후의 나, 5년 후의 나, 10년 후의 나는 분명히 지금의 결정에 감사할 거예요.

✦ SUMMARY

- 청약통장은 내 집 마련의 기회를 확보하는 '시간형 자산'이에요.
- 당장 집 살 계획이 없어도 미래의 선택권 확보를 위해 일찍 시작하세요.
- 사회초년생은 월 10만 원부터 시작해서 소득 증가에 맞춰 늘려가는 게 좋아요.

청년미래적금,
최대 연 16% 수익의 비밀

"시중 금리 3%대인데 어떻게 16%가 넘는 수익률이 가능할까요?
정부 지원금의 마법이에요."

연 16%를 초과하는 수익률은 일반 금융상품에서는 찾아볼 수 없는 놀라운 수치예요. 정부의 청년 지원 정책의 일환인 청년지원상품은 높은 금리와 정부 지원금을 통해 단기간에 목돈 마련을 가능하게 해줍니다.

"그런 좋은 상품이 있으면 왜 모든 사람이 가입하지 않죠?"라고 생각할 수 있지만, 자격 조건이 있어 누구나 가입할 수 있는 건 아닙니다. 다만 조건에 해당된다면 절대 놓치면 안 되는 기회예요.

또한 청년지원상품은 바뀔 수 있다는 점을 주의해야 합니다. 2022년에 청년희망적금이 나왔는데, 2023년에 청년도약계좌가 도입되면서 청년희망적금은 종료되었어요. 그리고 2026년 6월 청년미래적금이 새롭게 출시되면서, 청년도약계좌는 2025년까지만 가입할 수 있게 되었습니다.

즉, 지금 관심 갖지 않으면 기회를 놓칠 수 있어요. 지금부터 새롭게 출시 예정인 청년미래적금의 혜택과 자격요건, 그리고 청년지원상품의 현명한 활용법까지 알아볼게요.

높은 수익률의
구성 원리

"도대체 어떻게 이런 수익률이 가능한 거죠?" 그 비밀은 정부 지원금에 있어요. 청년미래적금에 돈을 넣으면 은행에서 주는 이자도 받고, 정부에서 주는 돈도 따로 받아서 최대 수익률이 연 16.9%가 되는 거예요.

구성 요소	수익률
기본 금리	5%*
정부 지원금	일반형: 월 납입액의 6% 우대형: 월 납입액의 12%
이자소득 비과세 혜택	이자소득세 15.4% 면제*
만기 수령액(월 50만 원 납입 가정)	일반형: 2,080만 원 우대형: 2,200만 원
수익률	**최대 16.9%**

* 실제 적용 금리는 참여 은행 확정 후 공시될 예정이고, 이자소득 비과세도 추후 확정될 예정으로 변동될 수 있습니다.

정부 지원금 우대형 12%는 중소기업에 새로 취업한 청년에게 주어지는 특별한 혜택이에요. 채용 후 6개월 이내에 가입하면 일반형의 2배인 12%를 받을 수 있어서, 중소기업 취업을 고려 중이라면 꼭 기억해 둘 만한 조건입니다.

또한 이자소득에 대한 세금도 안 내도 되는 것으로 추진 중이에요. 원래 은행에서 이자를 받으면 15.4%의 세금을 내야 해서 100만 원 이자가 발생해도 84만 6,000원만 실제로 받는 게 일반적입니다. 하지만 이자소득 비과세가 되면 100만 원을 그대로 받을 수 있는 거죠.

매달 최대 납입금액인 50만 원을 3년간 납입하면 원금 1,800만 원에 이자와 정부 지원금을 합쳐 일반형은 2,080만 원, 우대형은

2,200만 원을 받을 수 있어요. 이 정도 수익을 '확정적으로' 얻기는 쉽지 않습니다.

안타깝게도 이 좋은 상품은 아무나 가입할 수 없어요. 만 19~34세 청년 중 일정 소득 이하인 경우에만 가입할 수 있습니다.

구체적인 소득 기준을 보면, 근로소득자는 연봉 6,000만 원 이하(종합소득금액 4,800만 원 이하), 소상공인은 연 매출 3억 원 이하이면서 가구 중위소득 200% 이하인 경우에만 가입할 수 있어요.

청년도약계좌 vs. 청년미래적금

청년도약계좌는 2025년까지 가입할 수 있는 상품이에요. 이미 청년도약계좌에 가입한 상태라면, 청년미래적금으로 '갈아타기'를 고려해 볼 수 있어요.

두 상품의 가장 큰 차이는 만기와 정부지원금이에요. 청년도약계좌는 5년간 납입해야 혜택을 받을 수 있었지만, 청년미래적금은 3년으로 줄었고, 정부지원금은 더 늘었습니다.

구분	청년도약계좌(2025년까지 가입 가능)	청년미래적금(2026년 6월 출시 예정)
기간	5년 만기	3년 만기
월 납입 한도	월 최대 70만 원	월 최대 50만 원
정부지원금	납입액의 3~6% (소득 구간별 차등)	일반형: 납입액의 6% 우대형: 납입액의 12%
자격요건 (개인소득)	연봉: 7,500만 원 이하 종합소득: 6,300만 원 이하	연봉: 6,000만 원 이하(소상공인 매출액 3억 원 이하) 종합소득: 4,800만 원 이하
자격요건 (가구소득)	중위소득 250% 이하	중위소득 200% 이하
수익률	최대 9.54%	최대 16.9%(추정)

"그럼 갈아타는 게 좋을까요?" 상황에 따라 다릅니다. 청년미래적금으로 갈아타는 게 유리한 경우는 다음 2가지입니다.

첫째, 3년 내 자금 계획이 있는 경우입니다. 결혼 자금, 전세 자금 등 3년 안에 목돈이 필요하다면 5년을 기다리는 것보다 3년 만기인 청년미래적금이 현실적이에요. 둘째, 중소기업 취업 예정자로 우대형 12%를 받을 수 있는 경우입니다. 중소기업에 새로 취업할 계획이 있다면 가입일과 취업일이 6개월 이내에 들어오도록 계획하는 게 좋아요.

반대로 청년도약계좌를 유지하는 게 나은 경우도 있습니다. 장기적인 목돈 마련이 목표라면 만기와 납입 한도가 더 긴 청년도약계좌가 유리합니다. 5년간 월 70만 원을 꾸준히 납입할 수 있다면 청년도약계좌의 총수령액이 더 크니까요.

청년지원상품의 자격요건을 만족한다면 다음 단계는 현실적인 납입 계획을 세우는 거예요. 무리해서 최대 납입금액부터 시작하지 말고 소득이 늘어나면 점차 늘려 가면 됩니다.

중요한 건 일단 시작하는 거예요. 소액이라도 시작해서 혜택을 받는 게 아무것도 안 하는 것보다 훨씬 나아요. 3년 혹은 5년이라는 기간이 길게 느껴질 수 있지만, 성공한다면 확실한 투자입니다. 다른 투자는 손실 위험이 있지만, 청년지원상품은 정부가 보장하는 확정 수익이거든요.

✦ **SUMMARY**

- 청년미래적금은 정부 지원금으로 최대 연 16.9% 수익률을 받을 수 있는 확정 수익 상품이에요.
- 3년 내 목돈이 필요하거나 중소기업 취업 예정이라면 청년미래적금, 5년 이상 장기적으로 더 큰 금액의 자산을 모으고 싶다면 청년도약계좌를 선택하세요.
- 조건이 된다면 소액부터라도 시작해서 목돈 마련의 기회를 잡으세요.

CHAPTER 8

7단계:
투자하기

안전하게
돈 불리는 방법

"현금만 가지고 있으면 안전할까요?
천만의 말씀입니다."

지금까지 사회초년생이 반드시 갖춰야 할 재무 관리의 기본기를 하나씩 완성해 왔어요. 통장 쪼개기로 돈의 흐름을 체계화했고, 월 소득의 50%를 저축하는 습관을 만들었죠. 최소 비용으로 핵심 위험을 보장하는 보험에 가입했고, 예상치 못한 상황에 대비할 수 있는 비상금도 확보했습니다.

이 모든 과정을 통해 우리가 얻은 것은 단순히 돈이 아니에요. 바로 '안정적인 현금성자산 기반'입니다. 언제든지 사용할 수 있는 유동성 높은 자금(비상금)이 충분히 확보되었고, 갑작스러운 위험 상황에도 대응할 수 있는 방어막(보험)이 견고하게 구축되었어요. 이제 불확실성에 휘둘리지 않고 차분하게 미래를 준비할 수 있는 여건이 마련된 셈이죠.

하지만 여기서 멈춰서는 안 됩니다. 이제 본격적인 자산 증식을 위한 다음 단계로 나아가야 할 시점이에요. 바로 현금성자산에만 의존하던 구조에서 벗어나 여러 자산군에 분산투자하는 단계로 발전하는 거죠.

현금성자산만으로는 부족한 이유

현재까지 우리가 쌓아온 자산은 모두 현금성자산 혹은 저축성자산이에요. 비상금 통장의 돈, 청약통장의 납입금 모두 원금 손실 가능성이 없는 자산이죠. 분명 안전하지만, 장기적 관점에서 보면 2가지 중요한 한계가 있어요.

첫 번째 한계는 인플레이션에 취약하다는 점이에요. 현금의 가장 큰 적은 바로 물가 상승이에요. 물가가 지속적으로 오르는 상황에서 현금만 보유하고 있으면 명목상으로는 돈이 그대로 있는 것 같지만, 실제로는 그 돈으로 살 수 있는 것들이 점점 줄어듭니다.

<u>두 번째 한계는 복리 효과를 충분히 누리기 어렵다는 점이에요</u>. 아인슈타인이 "복리는 인류 최대의 발명품"이라고 했을 정도로 복리의 힘은 강력해요. 하지만 현금성자산의 수익률로는 이 복리의 마법을 제대로 경험하기 어려워요.

구체적인 예를 들어볼게요. 은행 예금의 금리가 연 3% 정도라고 가정해 볼게요. 1,000만 원을 예금에 넣어두면 10년 후 약 1,344만 원이 돼요. 나쁘지 않은 것 같지만, 2024년 연간 물가 상승률이 2.3%였던 것과 비교해 보면 실질적으로는 거의 제자리걸음인 셈이에요. 인플레이션을 간신히 따라가는 수준에 그치는 거죠.

반면 S&P500 지수의 지난 51년간 연간 수익률(배당 포함)을 분석해 보면 연평균 10.74% 수익률을 기록했어요. 물론 해마다 손실을 볼 때도 있고 이익을 볼 때도 있겠지만, 이 정도 수익률로 복리가 작용하면 1,000만 원은 10년 후 약 2,773만 원이 됩니다. 물가 상승을 감안한 실질 구매력 기준으로도 상당한 증가를 이뤄낸 거죠. 복리의 효과는 시간이 지날수록 더욱 극적으로 나타나요. 기간이 20년, 30년으로 길어지면 그 차이는 몇 배에서 몇십 배까지 벌어질 수 있어요.

물론 투자에는 위험이 따릅니다. 하지만 투자를 안 하면 자산 증식에 분명한 한계가 있어요. 위험을 최소화하려면 무작정 투자에 뛰어드는 것이 아니라, 체계적이고 과학적인 방법으로 투자에 접근하면 됩니다. 그 방법이 바로 자산 배분이에요.

자산 배분의 기본 원리와 효과

투자를 시작해야 한다는 필요성을 이해했다면, 이제는 '어떻게' 투자할 것인가를 결정해야 해요. 많은 초보 투자자들이 개별 주식을 고르거나 핫한 테마에 집중투자하려고 하지만, 이 책에서는 다른 접근법을 제안합니다. 바로 자산 배분을 통한 분산투자예요.

자산 배분이 필요한 이유를 이해하려면 먼저 경제가 어떻게 움직이는지 알아야 해요. 경제는 마치 날씨처럼 끊임없이 변해요. 그리고 크게 2가지 축으로 움직입니다. 경기가 좋은지 나쁜지, 그리고 물가가 오르는지 내리는지예요. 이 두 축의 조합에 따라 경제 상황을 4가지로 분류할 수 있어요.

경제 상황	경기	물가	유리한 자산
호황기	상승	안정	주식
인플레이션	상승	상승	주식, 금
스태그플레이션	하락	상승	금
디플레이션	하락	하락	채권, 현금

첫째는 호황기예요. 경기가 상승하면서 물가는 안정적인 상황이죠. 기업들이 잘되고 사람들 소득도 늘지만 물가는 크게 오르지 않는 이상적인 경제 상황이에요. 이때는 기업들의 실적이 좋아지면서 주식이 가장 좋은 성과를 보입니다.

둘째는 인플레이션으로, 경기가 상승하면서 물가도 함께 오르는 시기예요. 경제는 성장하고 있지만 생활비도 같이 늘어나요. 이때는 주식과 함께 실물자산인 금도 좋은 성과를 보이는 경향이 있어요.

셋째는 스태그플레이션으로, 경기는 하락하는데 물가는 오르는 최악의 상황입니다. 경제 성장은 멈췄는데 물가만 계속 오르니, 중앙은행이 금리 정책을 결정하기 가장 어려운 시기예요. 이런 때에는 금이 거의 유일한 피난처 역할을 해요.

넷째는 디플레이션으로, 경기도 하락하고 물가도 내리는 상황이에요. 경제 전반이 위축되어 소비와 투자가 모두 감소해요. 이때는 금리 하락의 수혜를 받는 채권과 구매력이 증가하는 현금이 상대적으로 유리합니다.

문제는 이런 경제 상황의 변화를 예측하기가 거의 불가능하다는 점이에요. 경제 전문가들도 정확한 예측에 자주 실패하는 것이 현실이거든요. 그렇다면 우리는 어떻게 해야 할까요? ==답은 모든 상황에 대비할 수 있도록 여러 자산군에 분산투자하는 거예요.== 마치 우산과 선글라스와 겉옷을 모두 준비해 두는 것처럼요. 오늘 날씨를 정확히 예측할 수는 없지만 비가 와도, 해가 뜨거워도, 강풍이 불어도 대응할 수 있도록 준비하는 거죠.

자산 배분의 핵심 원리는 서로 다른 특성을 가진 자산군들이 경제 상황에 따라 상호 보완하도록 하는 것입니다. 한 자산군이 부진할 때 다른 자산군이 좋은 성과를 내어 전체 포트폴리오의 안정성을 높이는 거죠. 예를 들어 주식이 하락할 때는 채권이나 금이 상승해 손실을 완충하고, 인플레이션으로 현금의 가치가 떨어질 때는 주식이나 금이 이를 보상해 주는 구조예요.

자산 배분의 조건 3가지

자산 배분에 포함할 자산군은 3가지 조건을 만족해야 합니다.

첫째, 장기적으로 우상향해야 해요. 시간이 지날수록 가치가 증가하는 자산이어야 한다는 뜻이죠. 아무리 분산투자해도 계속 떨어지기만 하는 자산들로 구성하면 의미가 없잖아요. 단기적으로는 오르락내리락하더라도 10년, 20년 단위로 보면 꾸준히 성장하는 자산군을 선택해야 해요.

예를 들어 주식은 개별 기업은 망할 수도 있지만, 전체 시장은 장기적으로 우상향하는 경향을 보여왔어요. 인류가 발전하고 경제가 성장하는 한, 기업들의 가치도 함께 상승할 가능성이 높거든요.

둘째, 다른 자산군과 상관관계가 낮아야 해요. 한쪽이 떨어질 때 다른 쪽이 오르는 관계라는 뜻이죠. 상관관계가 낮다는 건 같은 경제 상황에서도 서로 다르게 반응한다는 의미예요. 이게 자산배분의 핵심입니다.

셋째, 자산군 내에서도 충분한 분산이 가능해야 해요. 좋은 자산군이라도 그 안에서 특정 하나에만 투자하면 위험하거든요. 자산군 내에 충분히 많은 개별 자산이 있어서 분산이 가능해야 합니다. 주식이라면 특정 기업 하나가 아니라 다양한 기업에 분산하고, 채권이라면 특정 회사 채권 하나가 아니라 국채, 회사채 등 다양하게 분산하는 거예요.

각 자산군의 비중을 어떻게 정할지는 개인의 상황과 성향에 따라 달라질 수 있어요. 복잡한 이론적 계산을 통해 최적 비율을 구할 수도 있지만, 초보자라면 균등 배분부터 시작하는 것도 좋은 방법입니다. 4개의 자산군이면 각 자산군에 25%씩 배분하는 방식이죠.

중요한 것은 최적의 수익률을 추구하는 것이 아니라 자산 배분을 통한 위험 감소예요. 완벽한 비율을 찾으려고 고민하기보다는 일단 시작하고 경험을 쌓아가면서 자신에게 맞는 비율을 찾아가는 것이 현실적입니다.

시간 분산을 통한 위험 관리

자산 배분과 함께 반드시 고려해야 할 것이 시간 분산이에요. "언제 투자를 시작해야 할까요?" 이런 고민 때문에 계속 미루고 있다면, 시간 분산이 해답이 될 수 있어요.

아무리 장기적으로 우상향하는 자산군이라도 하루하루의 가격은 계속해서 변동해요. 예를 들어 주식시장은 10년 단위로 보면 꾸준히 상승하는 추세를 보이지만 매일매일의 주가는 오르락

내리락을 반복하죠. 문제는 이런 단기 변동성 때문에 투자 시점에 따라 전혀 다른 결과가 나올 수 있다는 점이에요.

만약 주식시장에 거품이 껴 최고점을 찍었을 때 모든 투자금을 한 번에 투입한다면 어떻게 될까요? 거품이 사라지면서 포트폴리오 가치가 반 토막이 날 수 있어요. 몇 년 후 회복된다고 하더라도 그 기간의 심리적 충격과 스트레스는 엄청날 거예요. 심지어 견디지 못하고 손절매(손해를 보고 파는 일)를 했다면 영구적인 손실로 이어질 수도 있어요.

반대로 주식시장이 바닥을 찍었을 때 투자했다면 몇 년 만에 몇 배의 수익을 올릴 수 있겠죠. 하지만 문제는 그 누구도 언제가 최고점이고 언제가 최저점인지 미리 알 수 없다는 점이에요.

시간 분산은 바로 이런 타이밍 위험을 해결하는 현실적인 방법입니다. 한 번에 큰 금액을 투자하는 대신 매월 일정 금액을 정기적으로 투자하는 방식이죠. 이렇게 하면 가격이 높을 때도 있고 낮을 때도 있겠지만, 결과적으로는 평균 가격에 매수하는 효과를 얻을 수 있어요.

시간 분산의 효과를 구체적인 예로 살펴볼게요.

어떤 사람은 3월에 250만 원어치 주식을 샀어요. 평균 매수 가격은 110원입니다.

월	주가	매수 주식 수	누적 투자액	누적 주식 수
1월	80원	-	-	-
2월	100원	-	-	-
3월	110원	22,727주	250만 원	22,727주
4월	90원	-	250만 원	22,727주
5월	130원	-	250만 원	22,727주
평균 매수가	110원			

반면 매월 50만 원씩 나눠 투자한 사람의 평균 매수 가격은 약 99원이에요.

월	주가	매수 주식 수	누적 투자액	누적 주식 수
1월	80원	6,250주	50만 원	6,250주
2월	100원	5,000주	100만 원	11,250주
3월	110원	4,545주	150만 원	15,795주
4월	90원	5,555주	200만 원	21,350주
5월	130원	3,846주	250만 원	25,196주
평균 매수가	약 99원			

이것이 바로 코스트 애버리징(Cost Averaging) 효과입니다. 가격이 높을 때는 적게 사고 가격이 낮을 때는 많이 사는 결과가 자

동으로 만들어지는 거예요.

물론 1월에 250만 원어치의 주식을 1주당 80원에 샀다면 가장 이득이었겠지만, 가장 저렴한 타이밍을 맞추기란 쉬운 일이 아니거든요. 이런 방식으로 투자하면 시장 타이밍을 고민할 필요 없이 기계적으로 투자할 수 있고, 감정적 판단으로 인한 실수도 줄일 수 있습니다.

특히 투자 경험이 부족한 초보자에게는 시간 분산이 주는 심리적 효과도 중요합니다. 한 번에 큰 금액을 투자하면 단기 변동에 일희일비하기 쉽지만, 매월 조금씩 투자하면 장기적 관점을 유지하기가 훨씬 쉬워져요.

자산 배분과 시간 분산을 결합하면 강력한 위험 관리 효과를 얻을 수 있습니다. 매월 정해진 금액을 주식, 채권, 금 등에 일정 비율로 배분해 투자하는 거예요. 이렇게 하면 특정 시점의 시장 상황이나 특정 자산군의 부진이 전체 포트폴리오에 미치는 영향을 최소화할 수 있어요.

결국 투자에서 가장 중요한 것은 완벽한 타이밍을 잡는 것이 아니라 지속적이고 일관된 투자를 실행하는 것입니다. 자산 배분과 시간 분산이라는 2가지 도구를 활용하면 복잡한 시장 분석 없이도 안정적이면서 장기적으로 성장하는 포트폴리오를 만들 수 있습니다.

✦ **SUMMARY**

- ▸ 현금만으로는 인플레이션을 이기지 못하고 복리 효과를 제대로 누리지 못해요.
- ▸ 자산 배분은 수익률의 평균을 유지하면서 위험은 줄이는 마법이에요.
- ▸ 시간 분산을 통해 타이밍 위험까지 줄일 수 있어요.

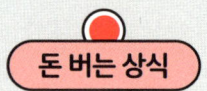

각 자산군의 기본 특성 이해하기

"미래를 예측하지 말고,
예측할 수 없는 미래에 대비하세요."

투자할 수 있는 주요 자산군은 크게 주식, 채권, 금, 현금 등으로 나눌 수 있어요. 각각의 기본 원리와 특성을 먼저 이해해 봅시다.

① 주식: 기업 성장의 수혜자

주식은 기업의 소유권이에요. 기업이 잘되면 주가가 오르고, 안 되면 떨어지는 단순한 원리죠. 주식의 가치는 기본적으로 기업의 미래 수익성에 달려있어요. 경기가 좋을 때는 기업들의 매출과 이익이 늘어나서 주가가 상승하고, 경기가 나쁠 때는 기업 실적이 악화되어 주가가 하락하는 경향이 있어요. 인플레이션일 때는 기업이 원가 상승분을 제품 가격에 반영할 수 있다면 유리하지만, 원자재비나 인건비 상승폭이 더 크면 오히려 불리할 수 있어요.

② 채권: 안정성의 대명사

채권은 정부나 기업에 돈을 빌려주고 이자를 받는 거예요. 정해진 이자를 받으니까 안정적이죠. 채권의 가격은 금리와 반대로 움직여요. 금리가 오르면 새로 나오는 채권이 더 높은 이자를 주니까 기존 채권의 가치는 떨어지고, 금리가 내리면 기존 채권의 상대적 가치는 올라가는 거예요. 경기가 나쁠 때는 중앙은행이 금리를 내려서 경기를 부양하려고 하니까 채권 가격이 오르는 경우가 많아요. 하지만 인플레이션일 때는 고정 이자를 받는 채권의 실질 수익률이 감소해서 불리해집니다.

③ 금: 위기 때의 피난처

금은 실물자산이라서 화폐의 가치가 떨어질 때 상대적으로 가치가 올라가요. 인플레이션이 발생하면 화폐 가치가 하락하는데, 금은 실물이니까 상대적으로 가치가 상승하는 거죠. 또한 경제 위기나 불안한 상황에서는 사람들이 안전한 자산을 찾게 되는데, 금이 대표적인 안전자산 역할을 해요. 다만 평상시에는 이자나 배당을 주지 않아서 다른 자산에 비해 상대적으로 매력이 떨어질 수 있어요.

④ 현금: 기회를 기다리는 자산

현금은 가장 유동성이 높고 안전한 자산이지만, 수익률은 가장 낮아요. 디플레이션일 때는 물가가 떨어지니까 현금의 구매력이 증가하고, 경제 위기 때는 다른 모든 자산이 불안하니까 가장 안전한 선택이 돼요. 하지만 인플레이션일 때는 물가 상승으로 실질 가치가 감소하고, 호황기에는 다른 투자 기회를 놓치는 기회비용이 크므로 상대적으로 불리해집니다.

지금까지 설명한 내용을 정리하면, 호황기에는 기업 실적 향상으로 주식이 가장 좋은 선택입니다. 인플레이션일 때는 가격 전가가 가능한 주식과 실물자산인 금이 동반 상승하죠. 스태그플레이션일 때는 오직 금만이 인플레이션 헤지와 안전자산 역할을 동시에 수행할 수 있고, 디플레이션일 때는 금리 하락의 수혜를 받는 채권과 구매력이 증가하는 현금이 빛을 발합니다.

하지만 가장 중요한 건 이런 상황 변화에 따라 포트폴리오를 자주 바꾸는 게 아니라, 처음부터 모든 상황에 대비할 수 있도록 균형 잡힌 자산 배분을 하는 거예요. 어떤 경제 상황이 올지 예측하기는 어렵지만, 다양한 자산군에 분산투자하면 어떤 상황이 와도 전체 포트폴리오가 큰 타격을 받지 않도록 방어할 수 있거든요. 결국 자산 배분은 미래를 예측하는 게 아니라, 예측할 수 없는 미래에 대비하는 현명한 전략인 셈이죠.

ETF로 시작하는 분산투자

"개별 주식 고르기는 어렵지만,
ETF라면 초보자도 쉽게 시작할 수 있어요."

자산 배분의 중요성과 시간 분산의 효과를 이해했다면, 이제는 실제로 어떻게 투자할 것인지 구체적인 방법을 알아야 해요. 하지만 막상 투자를 시작하려고 하면 머릿속이 복잡해져요. "삼성전자를 살까, LG전자를 살까?" "언제가 적당한 타이밍일까?" "어떤 채권이 좋을까?" 같은 고민들이 끝없이 이어지죠.

많은 초보 투자자들이 이런 복잡함 때문에 투자를 계속 미루거나, 성급하게 "요즘 AI가 뜬다니까" 하며 잘 알지도 못하는 개별 종목에 투자했다가 큰 손실을 보게 되죠. 하지만 ETF(Exchange Traded Fund)를 활용하면 이런 고민들을 대부분 해결할 수 있어요. 복잡한 종목 분석 없이도 전문가 수준의 포트폴리오를 쉽게 구성할 수 있기 때문이에요.

ETF 이해하기

ETF는 흔히 상장지수펀드라고 부르며, 여러 개의 주식이나 채권을 하나의 바구니에 담아서 거래소에서 주식처럼 사고팔 수 있게 만든 상품이에요.

| ETF 이해하기 |

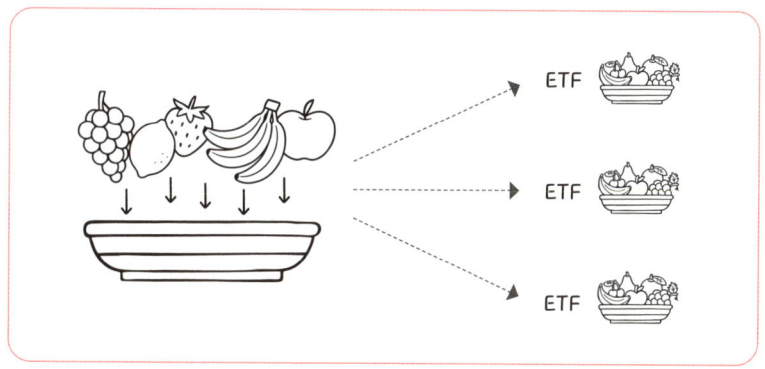

쉽게 말해, 수백 개 기업의 주식을 조금씩 모아서 하나의 바구니에 담고, 그 바구니를 작은 조각으로 나눠서 파는 것과 같죠.

코스피200 ETF를 1주 사면, 삼성전자부터 네이버까지 코스피 상위 200개 기업에 동시에 투자하는 효과가 있어요. 개별적으로 200개 기업의 주식을 모두 사려면 엄청난 자금이 필요하고 관리도 복잡하겠지만, ETF를 활용하면 적은 금액으로도 충분한 분산투자가 가능해요. 마찬가지로 미국 S&P500 ETF를 사면 미국의 대표적인 500개 기업에 분산투자하는 효과를 얻을 수 있어요.

① **ETF 이름 해독법: 암호 같은 이름의 비밀**

ETF 이름을 보면 'KODEX 코스피200' 'TIGER 미국S&P500' 같은 표기가 있는데, 이게 대체 무슨 의미일까요? 처음에는 암호 같아 보이지만 규칙을 알면 정말 간단해요.

==ETF 이름은 크게 두 부분으로 나뉘어요. 앞쪽은 브랜드명이고, 뒤쪽은 투자 대상이에요.== KODEX는 삼성자산운용의 브랜드고, TIGER는 미래에셋자산운용의 브랜드예요. 마치 삼성 갤럭시, LG 그램처럼 회사별로 브랜드명이 다른 것과 같은 원리죠.

==그 뒤에 붙는 '코스피200'이나 'S&P500' 같은 건 투자 대상을 나타내요.== 코스피200이면 '코스피에 상장된 상위 200개 회사'에

투자하는 거고, S&P500은 '미국을 대표하는 기업 500개'에 투자하는 거예요. 따라서 'KODEX 코스피200'이라고 하면 '삼성자산운용에서 만든, 코스피 상위 200개 기업에 투자하는 ETF'라는 뜻이 되는 거죠.

ETF에는 '티커'가 부여돼요. ETF의 이름표라고 생각하면 돼요. 예를 들어 애플의 티커는 'AAPL'이에요. 그 외 대표적인 티커 몇 가지를 소개해 볼게요.

알아두면 좋은 주요 티커들
- **전 세계 상장 기업 전체에 투자**: VT
- **미국에 상장된 기업 전체에 투자**: VTI
- **미국에 상장된 500개의 대형 기업에 투자**: SPY
- **나스닥에 상장된 상위 100개의 비금융 기업에 투자**: QQQ
- **미국 국채에 투자**: 초단기 BIL, 단기 SHY, 중기 IEF, 장기 TLT
- **금에 투자**: GLD

② ETF 속 들여다보기: 뭐가 들어 있는지 확인하는 법

코스피200 ETF라고 해서 200개의 기업에 동일한 비율로 투자하는 것은 아닙니다. 그렇다면 ETF의 구성 종목을 자세히 확인하고 싶을 때는 어떻게 해야 할까요? 네이버 금융 사이트에서 쉽게 확인할 수 있어요. '네이버페이 증권 - 증시 - ETF 메뉴'에서 해당 ETF를 검색한 다음 'ETF 분석 - CU당 구성 종목' 항목을 통해 어떤 주식이 포함되어 있는지 자세히 볼 수 있습니다. 또는 인베스팅닷컴(Investing.com)에서도 확인하고 싶은 ETF를 검색해서 편리하게 구성 종목을 확인할 수 있어요.

이렇게 구성 종목을 확인해 보면 정말 재미있어요. SPY 같은 미국 ETF를 보면 우리가 잘 아는 애플, 마이크로소프트, 구글, 아마존 같은 기업들이 상위에 랭크되어 있는 걸 볼 수 있거든요. 내가 주주가 된 기분을 느낄 수 있죠.

③ ETF가 사회초년생에게 완벽한 이유

"그냥 삼성전자나 애플 주식 사면 안 되나요?" 물론 가능해요. 하지만 ETF가 사회초년생에게 훨씬 유리한 이유가 있어요.

첫째, ETF는 적은 노력으로도 괜찮은 성과를 낼 수 있어요. 개별 주식을 잘 골라서 투자한다면 ETF보다 훨씬 높은 수익을 올릴 수도 있어요. 실제로 워런 버핏(Warren Buffett) 같은 훌륭한 투자자들은 ETF보다 더 좋은 성과를 내기도 하거든요. 하지만 그러려면 기업 분석, 재무제표 해석, 업계 동향 파악, 거시경제 이해 등 엄청난 공부와 경험이 필요한데, 직장 생활에 적응하기도 바쁜 사회초년생에게는 현실적으로 어려운 일이죠. 퇴근하고 집에 와서 재무제표 분석하고 기업 뉴스 찾아보고…. 생각만 해도 피곤하지 않나요? 반면 ETF는 복잡한 기업 분석을 할 필요 없이 시장 전체의 평균적인 성과를 따라갈 수 있습니다.

"시장 평균이라고 하니까 좀 시시한데요?" 이런 생각이 들 수도 있지만, 그렇지 않아요. 실제로 10년 넘게 꾸준히 시장 수익률을 뛰어넘는 성과를 내는 건 전문 펀드 매니저들도 정말 힘든 일이에요.

둘째, 낮은 비용이에요. 일반 펀드의 경우 연간 1~2%의 운용수수료를 내야 하지만, 대부분의 ETF는 훨씬 낮은 수수료로 운용돼요. 장기 투자에서는 이런 비용 차이가 복리로 누적되어 상당한 차이를 만들어낼 수 있어요.

셋째, 투명성이에요. 일반펀드는 구성내역을 실시간으로 확인할 수는 없는데, ETF는 어떤 주식들이 들어 있는지, 비율은 어떻게 되는지 모든 정보가 공개되어 있어요.

넷째, 거래의 편리함이에요. ETF는 주식시장에 상장되어 있어 주식 매매거래시간 중에는 일반 주식처럼 언제든 거래할 수 있습니다. 마찬가지로 매도 후 2일 정도 후면 입금이 돼요. 이게 왜 장점일까요? 일반펀드는 환매를 하면 3일 뒤 가격으로 팔게 되고, 돈이 들어오는 데에 5일 이상 걸리기도 하거든요.

주식을 매매할 수 있는 시간

- **한국 주식시장**: 09:00 ~ 15:30
- **미국 주식시장**:
- 일반: 한국시간 기준 23:30 ~ 06:00(현지시간: 09:30 ~ 16:30)
- 서머타임(3월 두 번째 일요일부터 11월 첫 번째 일요일): 일반보다 1시간 빨라짐

4가지 기본 자산군으로 포트폴리오 구성하기

이제 실제로 어떻게 포트폴리오를 구성할지 알아볼게요. ETF를 활용해서 자산 배분을 실행할 때는 복잡하지 않게 시작하는 게 좋습니다.

주식, 채권, 금, 현금 4가지 기본 자산군으로 구성하는 것을 추천해요. 이 방법은 해리 브라운(Harry Browne)이 1981년에 고안한

| 4개의 자산군에 분산투자 |

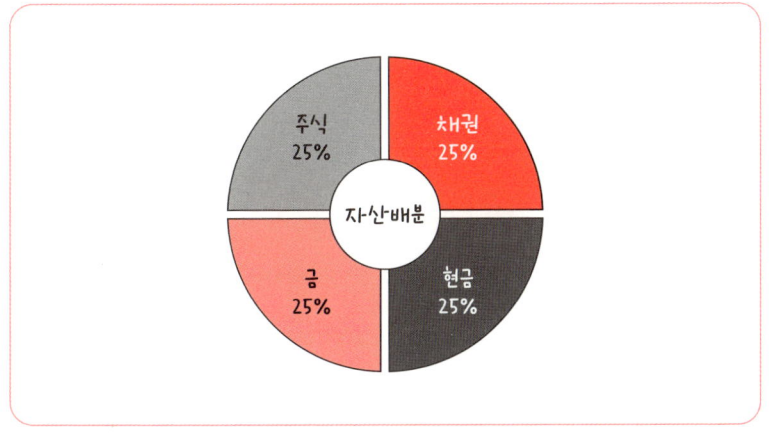

'영구 포트폴리오(Permanent Portfolio)' 전략을 기반으로 한 거예요. 40년 이상 시장에서 검증 받아온 방법으로, 각 자산군에 25%씩 균등하게 배분하는 단순한 전략이지만 놀라울 정도로 안정적인 성과를 보여왔어요.

왜 하필 이 4가지일까요? 앞서 설명한 4가지 경제 상황(호황기, 인플레이션, 스태그플레이션, 디플레이션)에 각각 대응하기 위해서예요. 주식은 호황기에 빛을 발하고, 금은 인플레이션과 스태그플레이션에 강해요. 채권은 디플레이션에 유리하고, 현금은 모든 상황에서 안전망 역할을 해요.

① 구체적인 ETF 선택: 실전 포트폴리오 구성

구체적인 ETF 구성을 예시로 살펴볼게요.

<u>주식 자산군</u>으로는 SPY, VOO, IVV 같은 S&P500 ETF들이 있어요. S&P500 지수를 추종하는 상품으로, 장기 성장성이 가장 높지만 변동성도 큰 특징이 있어요. 애플, 마이크로소프트, 아마존 같은 기업들이 포함되어 있어서 미국 경제 성장을 따라갈 수 있죠. 더 넓은 분산을 원한다면 VTI(미국 전체 주식시장), VT(전세계 주식시장) 같은 상품들도 있어요.

<u>채권 자산군</u>으로는 TLT, EDV 같은 미국 장기국채 ETF들이 있어요. 미국 정부가 발행한 장기 국채에 투자하는 상품으로, 주식보다 안정적이지만 금리 변동에 영향을 받는 특성이 있어요. 경기가 나빠져서 금리가 내릴 때는 오히려 가격이 올라가는 경우가 많아서 주식과 반대로 움직이는 경향을 보여요. 좀 더 안정적인 걸 원한다면 IEF(중기국채), SHY(단기국채) 같은 상품들도 고려할 수 있어요.

<u>금 자산군</u>으로는 GLD, IAU 같은 금 ETF들이 대표적이에요. 실제 금에 투자하는 상품으로, 인플레이션과 경제 위기 시 방어 역할을 해요. 달러가 약해지거나 경제가 불안할 때 사람들이 금을 찾게 되니까 가격이 오르는 특성이 있어요.

==현금 자산군==은 우리가 이미 확보한 비상금 통장이 그 역할을 해요. 미국 시장에서도 BIL, SHV 같은 초단기 국채 ETF들이 현금과 비슷한 역할을 하지만, 우리는 이미 비상금을 확보했으니 지금은 추가로 투자할 필요 없어요.

② 해외 ETF를 고려하는 이유들

지금까지 해외 시장 ETF만 예시로 든 몇 가지 이유가 있어요.

손익통산: 자산 배분 전략과 완벽한 조합

가장 중요한 이유는 손익통산 기능 때문이에요. 해외 시장 ETF의 경우 여러 ETF에서 발생한 손실과 이익을 합쳐서 세금을 계산할 수 있어요. 예를 들어 주식 ETF에서 100만 원 이익을 보고 채권 ETF에서 30만 원 손실을 봤다면, 실제 순수익 70만 원에 대해서만 세금을 내면 되는 거죠. 반면 국내 상장 ETF는 이런 손익통산이 안 되니까 100만 원 이익에 대해 세금을 내야 해요.

자산 배분 전략을 쓸수록 이런 세금 혜택이 더 커지게 되는 구조예요. 자산 배분을 할 때 어떤 자산군은 오르고 어떤 자산군은 떨어지는 것이 자연스러운 현상인데, 손익통산 기능이 있으면 이런 특성을 세금 면에서도 유리하게 활용할 수 있어요.

시장 규모와 상품 다양성

두 번째 이유는 시장의 규모와 상품 다양성이에요. 미국은 세계 최대의 자본시장인 만큼 ETF의 종류가 훨씬 풍부하고, 거래량도 압도적으로 많아요. 그래서 매매 시 가격이 불리하게 움직일 가능성이 낮고, 원하는 시점에 사고팔기도 훨씬 수월하죠.

또한 우리가 관심 있는 특정 자산군에 투자하는 ETF를 찾는 것도 쉽고, 같은 자산군 안에서도 운용사, 비용, 전략 등에 따라 다양한 선택지가 제공되기 때문에 비교해 보며 고를 수 있다는 장점이 있어요.

글로벌 분산 효과

세 번째는 자연스러운 글로벌 분산 효과예요. 미국 ETF에 투자하면 자동으로 달러 자산을 보유하게 되니까, 결과적으로 원화 환율 변동에 대한 헤지 효과를 얻을 수 있어요.

원화가 약세일 때는 달러 자산의 원화 가치가 올라가고, 반대로 원화가 강세일 때는 달러 자산의 상대적 가치가 낮아져 다소 불리할 수 있지만, 이런 움직임 자체가 하나의 리스크 분산 효과로 작용한다는 점이 중요해요. 자산이 모두 동일한 통화에 묶여 있지 않고 분산되어 있다는 것만으로도 경제 상황 변화에 대응할 수 있는 여지가 생기거든요.

물론 이런 장점들이 있다고 해서 반드시 해외 시장 ETF에만 투자야 하는 건 아니에요. 국내 ETF에도 나름의 장점들이 있거든요. 환헷지 상품이 있고, 잘 아는 국내 기업들이고, 무엇보다 접근하기 쉬워요.

중요한 건 자산 배분의 원리를 이해하고 실행하는 거예요. 어떤 ETF를 선택하든 주식, 채권, 금, 현금이라는 4개 자산군에 분산 투자하는 기본 틀만 지키면 돼요. 처음에는 이해하기 쉬운 상품부터 시작하고, 경험이 쌓이면 점차 다양한 상품으로 범위를 넓혀가는 것도 좋은 접근법이에요.

적립식 투자와
리밸런싱의 실행

자산 배분 전략을 실제로 실행할 때는 앞서 배운 시간 분산 원칙을 함께 적용해야 합니다. 매월 정해진 날짜에 정해진 금액을 4개 자산군에 배분해 투자하는 적립식 방법을 사용하는 거죠.

예를 들어 월 투자금이 90만 원이라면 SPY에 30만 원, TLT에 30만 원, GLD에 30만 원씩 투자하는 거예요. 현금 비중은 이미 확보한 비상금으로 맞추고요. 처음 시작할 때는 4개 자산군의 비율을 정확히 맞추기보다는 점진적으로 균형을 이루어가는 것이 현실적이에요.

현금 100%인 상황에서 투자를 시작한다면, 매월 투자를 통해 서서히 다른 자산군의 비중을 늘려가는 거예요. 1년 정도 지나면 자연스럽게 4개 자산군이 비슷한 비율로 구성되는 포트폴리오가 완성될 거예요.

여기서 중요한 것은 리밸런싱(rebalancing)이에요. 시간이 지나면 각 자산군의 성과 차이로 인해 최초 설정한 25% 비율에서 벗어나게 돼요. 예를 들어 주식이 좋은 성과를 내서 전체 포트폴리오에서 차지하는 비중이 35%로 늘어났다면, 다시 주식을 25%의 비율로 맞추는 거예요.

리밸런싱이 복잡할 것 같지만 생각보다 간단해요. 매달 새로운 투자금이 생길 때마다 현재 포트폴리오의 비중을 확인해서 부족한 자산군에 더 많이 투자하면 돼요. 예를 들어 현재 주식 35%, 채권 20%, 금 23%, 현금 22%라면, 이번 달 투자금은 가장 비중이 낮은 채권에 집중해서 25%에 가까워지도록 조정하는 방식이죠.

다양한 리밸런싱 방법들이 있지만, 사회초년생에게는 매달 새로운 투자금으로 조정하는 방식이 가장 현실적입니다. 별도의 매매수수료가 들지 않고 관리도 간단하거든요. 또 이런 방식으로 매달 투자하면 시간 분산으로 타이밍 리스크까지 줄일 수 있죠.

그 외 다양한 리밸런싱 방법들

1. 정기적인 리밸런싱

6개월이나 1년마다 정해진 날짜에 포트폴리오를 점검해서 목표 비율로 조정하는 방법이에요. 이때는 비중이 높아진 자산을 일부 매도하고 비중이 낮아진 자산을 추가 매수하게 됩니다. 이런 방식은 자연스럽게 '고점에서 매도, 저점에서 매수'하는 효과를 만들어내죠.

2. 한계치 리밸런싱

목표 비중에서 일정 수준(예: ±5%) 이상 벗어날 때 조정하는 방식이에요. 주식이 25%에서 30% 이상 되거나 20% 이하가 될 때마다 리밸런싱을 실행하는 거죠. 이 방법은 시장 변동성에 더 민감하게 대응하는 방식입니다.

바로 이달부터 작은 금액으로라도 실천해 보세요. 매달 30만 원, 50만 원, 100만 원 등 자신이 부담 없이 투자할 수 있는 범위에서 시작해 여러 자산군에 나눠 투자하는 거예요.

투자는 단거리 달리기가 아니라 마라톤입니다. 완벽한 시작보다는 꾸준한 지속이 더 중요해요. ETF를 활용한 자산 배분이라는 검증된 방법을 바탕으로 차근차근 자산을 늘려가다 보면, 앞으로 몇 년 후에는 물가 상승을 이기는 안정적인 수익으로 목돈을 마련할 수 있을 것입니다.

✦ SUMMARY

- ETF는 초보자도 쉽게 분산투자를 실현할 수 있는 최적의 도구예요.
- 복잡한 비율 계산보다는 균등 배분으로 시작하는 게 효과적이에요.
- 정기 투자와 리밸런싱으로 '싸게 사서 비싸게 파는' 효과를 자동화할 수 있어요.

ETF 세금 비교: 똑똑한 투자자의 필수 지식

"ETF가 뭘 담고 있느냐에 따라
세금이 달라져요."

ETF 투자를 시작하기 전에 꼭 알아야 할 것이 바로 세금이에요. 똑같이 100만 원의 수익이 나도 어떤 ETF에 투자했느냐에 따라 실제로 내 통장에 들어오는 돈은 다를 수 있어요. 세금을 모르고 투자했다가 나중에 "이런 세금이 있었나?"라고 당황하는 일은 없어야겠죠? 미리 알아두면 투자 전략 수립에 큰 도움이 될 거예요.

세금을 이해하기 위한
기본 개념

ETF 세금을 이해하기 위해서는 먼저 2가지 기본 개념을 알아야 해요. 양도차익과 분배금이에요.

양도차익은 ETF를 사고팔아서 번 돈이에요. 100만 원에 사서 120만 원에 팔면 양도차익은 20만 원이죠. 쉽게 말하면 ETF 매매로 얻은 시세차익입니다. 분배금은 배당이라고 생각하면 돼요. 보유하고 있는 주식에서 받은 배당금이나 운용 이익 등을 자산운용사가 ETF 투자자에게 분배해 주는 금액이에요.

여기서 분배금은 세법상 '배당소득'이어서 연간 이자소득과 배당소득이 2,000만 원을 초과하면 종합소득세 신고를 해야 합니다. 다만 대부분의 사회초년생은 2,000만 원을 초과하는 금융소득이 발생할 가능성이 낮으므로 크게 신경 쓸 필요는 없어요. 분배금은 지급할 때 15.4%를 자동으로 차감하는 원천징수 방식으로 처리되고, 2,000만 원을 넘은 종합과세 대상자는 다음 해 5월 종합소득세 신고 때 정산하면 돼요.

ETF 유형별
세금 구조의 차이

ETF 세금을 이해하기 위해서는 ETF를 3가지 유형으로 구분해야 해요. 국내 주식형 ETF, 국내 상장 해외지수 추종 ETF, 해외 직접 투자 ETF로 구분되며, 이 유형에 따라 세금 처리 방식이 달라집니다.

| 세금 비교표로 한눈에 보기 |

ETF 유형	양도차익 세금	분배금 세금	손익통산	예시
국내 주식형	비과세	배당소득 15.4%	불가능	KODEX코스피 200
국내 상장 해외지수 추종 or 기타자산	배당소득 15.4%	배당소득 15.4%	불가능	TIGER미국 S&P500
해외 직접 투자	양도소득 22% (250만 원 공제)	배당소득 15.4%	가능	SPY, VOO

① 국내 주식형 ETF는 양도차익에 대한 세금 걱정이 없어요

정부에서 자본시장 활성화를 위해 국내 상장법인 주식 양도차익에 대해서는 과세하지 않기로 했어요. 따라서 국내 주식형 ETF인 KODEX 200, TIGER 200 등을 사고 팔아서 발생한 양도차익에 대해서는 아무리 큰 수익을 내도 세금을 한 푼도 내지 않아도 됩니다. 분배금에 대해서만 배당소득세 15.4%를 내면 돼요.

② 해외 자산 ETF는 세금 구조가 복잡해요

해외 투자는 국내 상장 해외지수 추종 ETF와 해외 직접 투자 ETF로 나뉘는데 세금 처리가 완전히 달라요.

국내 상장 해외지수 추종 ETF는 KODEX 나스닥100, TIGER 미국S&P500 등 한국 거래소에 상장되어 있지만 해외 주가지수를 따라가는 ETF들이에요. 이 유형은 양도차익과 분배금 모두 배당소득세로 과세합니다. 기타자산인 원자재나 금 등을 기초자산으로 운용하는 국내 상장 ETF도 동일해요.

해외 직접 투자 ETF는 미국 거래소의 SPY, VOO, QQQ 등 해외 증권거래소에 직접 상장된 ETF에 투자하는 방식이에요. 이 유형은 양도차익에 대해 양도소득세로 과세하고, 22%를 내야 하지만 양도차익 250만 원까지는 세금이 없어요.

해외 직접 투자의 가장 큰 장점은 양도차익에 대해 손익통산이 가능하다는 점입니다. 이는 앞서 강조한 자산 배분 전략과 완벽하게 부합하는 세제 혜택이에요. 실제 순수익에 대해서만 세금을 계산하니까, 분산투자를 실천하는 투자자에게 상당한 세제 혜택을 주는 셈이죠. 반면 국내 상장 해외지수 추종 ETF는 손익통산이 불가능해서, 각각의 수익에 대해 개별적으로 세금을 내야 합니다.

또한 양도소득세는 아무리 많이 벌어도 22% 세율만 적용되는 장점이 있어요. 배당소득세는 이자소득과 배당소득이 연 2,000만 원을 넘으면 종합과세로 최고 49.5% 세율이 적용되기 때문에 이에 비하면 정말 낮은 세율이에요. 분산투자를 통해 장기적으로 자산을 늘려가는 투자자에게는 이런 세제 구조가 매우 유리하게 작용할 수 있습니다.

ISA 계좌 활용법:
중급자를 위한 세금 최적화 전략

"ETF 투자에 어느 정도 익숙해졌다면,
ISA로 세금까지 아낄 수 있어요."

앞서 살펴본 것처럼, 세금은 투자에서 결코 가볍게 볼 수 없는 요소예요. 우리가 투자로 수익을 얻으면 기쁘지만, 그 수익이 전부 내 돈이 되는 것은 아니죠. 과세 대상에 따라 일정 부분은 세금으로 빠져나가게 됩니다.

특히 장기적으로 투자할수록 세금은 복리 효과를 잠식해 수익률을 눈에 띄게 낮출 수 있어요.

이럴 때 필요한 게 바로 ISA(개인종합자산관리계좌)입니다. ISA

는 계좌 안에서 발생하는 수익에 대해 일정 금액까지 비과세, 그 이상은 절세 혜택을 받을 수 있는 계좌예요.

쉽게 말해, 벌어들인 수익을 최대한 내 것으로 지킬 수 있도록 도와주는 계좌라고 할 수 있어요. 주식, ETF, 예금, 채권 등 다양한 금융상품을 한 계좌 안에서 운용할 수 있고, 수익에 대한 세금 부담을 크게 줄일 수 있다는 점에서 많은 투자자들이 ISA를 '마법의 계좌'라고 부릅니다.

다만 ISA는 투자 초보자보다는 어느 정도 투자 경험을 쌓은 중급자에게 더 적합한 도구예요. 왜냐하면 몇 가지 제약사항이 있기 때문입니다. 가장 큰 단점은 해외 주식이나 해외 직접 투자 ETF(미국 거래소의 SPY, VOO 같은 상품)에는 투자할 수 없다는 점이에요. 글로벌 분산투자를 원한다면 국내 상장 해외지수 추종 ETF를 통해서만 가능합니다.

하지만 이런 제약에도 불구하고 ISA만의 독특한 장점들이 있어서, 투자에 어느 정도 익숙해지고 세제 혜택을 전략적으로 활용할 준비가 되었다면 반드시 고려해야 하는 도구예요. 세금을 줄이는 것 또한 수익을 높이는 방법 중 하나입니다.

ISA의
핵심 기능

① 손익통산

ISA가 일반 투자계좌와 가장 다른 점은 바로 손익통산이 가능하다는 거예요. 앞서 해외 상장 ETF만 손익통산이 된다고 했지만, ISA를 이용하면 한 계좌 안의 금융상품 간 수익과 손실을 통산해 순이익에 대해서만 과세합니다.

② 3년 유지 시 세금 혜택

ISA의 진짜 매력은 3년 이상 유지했을 때 나타납니다. 3년간 유지하면 일정 금액까지는 수익에 대해 아예 세금을 내지 않아도 되거든요. 비과세 혜택의 규모는 가입자의 소득 수준에 따라 달라져요. 일반형은 연 200만 원까지, 서민형은 연 400만 원까지 수익에 대해 세금이 없어요.

비과세 한도를 넘어서는 수익에 대해서는 9.9%의 낮은 세율을 적용해요. 일반적으로 15.4%의 세율을 적용하는 것에 비해 훨씬 낮은 세율이에요.

ISA 계좌에 담는 순서

ISA를 활용한 투자 우선순위를 세금 절약 효과가 큰 순서로 정하면 이렇습니다.

1순위는 국내 상장 해외지수 추종 ETF예요. KODEX 나스닥100, TIGER 미국S&P500 같은 상품들은 양도차익과 배당소득 모두 과세 대상이므로, ISA를 활용하면 절세 효과를 얻을 수 있거든요.

아쉽게도 해외 주식이나 해외 직접 투자 ETF는 ISA계좌에서 투자할 수 없어요. 미국 거래소의 SPY, VOO, QQQ 같은 직접 상품이나 개별 해외 주식은 ISA 대상에서 제외됩니다.

2순위는 국내 고배당 ETF예요. 국내 주식형 ETF는 양도차익은 비과세지만 분배금은 배당소득으로 과세되니까 ISA 활용 가치가 있어요. 특히 배당 중심의 ETF에 투자한다면 분배금에 대한 세금 부담을 줄일 수 있습니다.

3순위는 국내 채권 및 채권형 ETF예요. 이자소득에 대해 과세되므로 ISA를 활용하면 이득이지만, 워낙 금액이 미미해 효과가 제한적이에요.

ISA
활용 전략

ISA를 효과적으로 활용하려면 몇 가지 전략이 필요합니다. 가장 중요한 것은 3년 주기로 활용하는 것이에요. ISA는 해지할 때 비과세 및 9.9% 세율 혜택이 주어지는 구조이기 때문입니다. 따라서 3년마다 해지하고 재개설하는 것이 가장 효율적이에요.

ISA 종류는 일임형, 신탁형, 중개형 3가지가 있는데, 중개형을 선택하는 게 좋아요. 수수료도 낮고 투자 상품 선택의 폭도 넓거든요. 일임형이나 신탁형은 금융사에서 대신 투자해 주지만 수수료가 높고 원하는 상품에 투자하기 어려워요.

그렇다면 언제 ISA를 시작할까요? ISA는 ETF 투자에 어느 정도 익숙해진 후에 고려하는 것이 좋습니다. 기본적인 자산 배분 전략을 실행해 보고, 투자의 기본 원리를 이해한 다음에 세금 최적화 단계로 넘어가는 것이 바람직해요.

최종 투자 포트폴리오 만들기

김자산 씨는 이제 사회초년생이 알아야 할 돈 관리의 모든 기본기를 완성했어요. 통장 쪼개기로 돈의 흐름을 깔끔하게 정리했고, 지출 최적화로 월 100만 원이라는 꽤 괜찮은 저축 여력을 만들어냈어요. 보험으로는 큰 위험들을 차단했고, 비상금까지 차근차근 모으고 있습니다. 장기부채와 단기부채를 구분해 대출을 활용하고, 청약통장도 만들었어요. 정말 대단하죠?

이제 정말 마지막 단계만 남았어요. 바로 어떻게 투자할지 정하는 것입니다. 김자산 씨는 3개월 치 비상금을 모은 후부터 본격적인 투자를 시작한다고 계획했으니, 그 시점에서의 상황을 살펴보고 구체적인 투자 전략을 세워볼게요.

김자산 씨가 3개월 치 비상금을 완성했을 때의 재무상태표를 살펴보면 다음과 같아요.

| 김자산 씨의 재무상태표(2025년 7월 31일) |

자산		부채	
구분	금액(만 원)	구분	금액(만 원)
현금성자산	510	단기부채	-
CMA	480		
보통예금	30		
저축성자산	20	장기부채	1,470
청약종합저축	20	학자금대출	1,470
투자자산	-		
사용자산	1,000		
임차보증금	1,000		
기타자산	-		
자산 소계	1,530	부채 소계	1,470
		순자산	60

비상금 통장(CMA)에 월 지출 160만 원의 3배인 480만 원을 모았습니다. 이제 본격적인 투자를 시작할 수 있는 기반이 마련되었어요.

현재 자산 배분 분석과 투자 계획

현재 모두 현금으로만 구성되어 있는 김자산 씨의 자산을 영구 포트폴리오의 4개 자산군으로 분류해 볼게요. 주식, 채권, 금, 현금에 각각 25%씩 배분해야 하는데, 지금은 현금이 100%인 상황이죠. 따라서 앞으로 몇 개월간 다른 자산군의 비중을 서서히 늘려가야 해요.

청약종합저축 20만 원은 저축성자산이긴 하지만, 사실상 중도 해지하면 안 되는 돈이어서 현금의 기능을 하지는 못해요. 따라서 자산 배분 대상 자산군에서는 제외하고 계산합니다.

현재 자산 구성
- 주식: 0원(0%)
- 채권: 0원(0%)
- 금: 0원(0%)
- 현금: 510만 원

① **첫 달 투자 배분: 간단한 1/3 전략**

이제부터 김자산 씨가 투자할 수 있는 금액을 계산해 볼게요. 보통예금에 있는 30만 원과 이번 달 저축 여력 80만 원(90만 원에서 청약통장 납입액 10만 원 제외)을 합치면 총 110만 원이에요. 6개월 치 비상금을 모을 때까진 매달 10만 원씩 비상금 통장에 넣기로 했으므로, 투자할 수 있는 돈은 100만 원이에요. 이 돈을 어떻게 배분할까요?

답은 의외로 간단해요. 비율이 0%인 주식, 채권, 금 세 자산군에 1/3씩 배분하면 되는 거예요.

- SPY(미국 주식 ETF): 34만 원
- TLT(미국 채권 ETF): 33만 원
- GLD(금 ETF): 33만 원

투자금액 총합: 100만 원

이렇게 투자하고 나면 김자산 씨의 자산 구성은 이렇게 바뀝니다.

투자 후 자산 구성
- 주식: 34만 원(5.8%)
- 채권: 33만 원(5.6%)
- 금: 33만 원(5.6%)
- 현금: 490만 원(83%)

아직은 현금 비중이 높지만, 이는 자연스러운 과정이에요. 몇 개월에 걸쳐 계속 투자하다 보면 점차 균형이 맞춰질 거예요.

② 지속적인 포트폴리오 조정 계획

다음 달부터는 어떻게 할까요? 매월 70만 원의 투자 여력이 있으니까, 현재 비중을 보고 부족한 자산군에 더 많이 투자하면 돼요.

예를 들어 2개월 차에는 여전히 현금 비중이 높을 테니까 70만 원 전액을 주식, 채권, 금에 1/3씩 나눠서 투자하겠죠. 3개월 차, 4개월 차에도 마찬가지고요.

약 6개월 정도 지나면 자연스럽게 4개 자산군이 25%에 가까운 비율로 구성될 거예요. 그때부터는 매월 투자할 때 현재 비중을 확인해서 25%에서 가장 멀리 떨어진 자산군에 더 많이 배분하는 리밸런싱을 시작하면 돼요.

③ 투자 실행 시 주의사항

김자산 씨가 투자를 시작할 때 몇 가지 주의해야 할 점이 있습니다.

첫째, 감정에 휘둘리지 말아야 해요. 처음 투자한 ETF 가격이 떨어지면 당황하거나 팔고 싶은 마음이 들 수 있지만, 이는 자연스러운 현상이에요. 자산 배분의 핵심은 장기적 관점을 유지하는 거거든요.

둘째, 완벽한 타이밍을 기다리지 말아야 해요. "지금 주식이 너무 비싼 것 같은데" "좀 더 떨어지면 사야겠다" 이런 생각은 투자를 계속 미루게 만들어요. 정해진 날짜에 정해진 금액을 투자하는 것이 꾸준한 효과를 만들어냅니다.

셋째, 자주 확인하지 말아야 해요. 매일매일 포트폴리오 가치를 확인하면 단기 변동에 스트레스받기 쉬워요. 한 달에 한 번 리밸런싱이 필요한지 점검하는 정도로 충분해요.

청년미래적금 활용 팁: 투자와 저축의 균형

여기서 청년미래적금 자격 요건에 해당하는 사회초년생이라면 한 가지 더 고려해 볼 점이 있어요. 앞서 살펴봤듯이 청년미래적금은 정책 상품이어서 현금 자산군으로 분류되긴 해도, 일반 적금보다 훨씬 높은 수익률을 확정적으로 얻을 수 있었어요. 이런 청년미래적금은 자산 배분과는 또 다른 장점이 있으므로, 결국 청년미래적금과 ETF 투자 사이의 비중을 어떻게 나눌지는 본인의 상황을 고려해서 선택하면 돼요.

비중을 선택할 때는 다음과 같은 점들을 고려해 보세요.

첫째, 청년미래적금은 저축 습관 형성에 탁월해요. ETF를 이용한 투자가 다른 투자보다 쉽다고는 해도 처음에 시작하는 게 쉽지는 않을 거예요. 어떤 ETF를 사야 할지, 언제 사야 할지 고민하다 보면 계속 미루게 되기 쉽죠. 반면 청년미래적금은 요건에만 해당하면 은행에서 쉽게 가입할 수 있고, 매달 고민 없이 가능한 저축 여력을 모두 넣으면 되는 거라서 쉽게 시작할 수 있어요. '선 저축, 후 소비' 습관이 자리 잡는 데도 도움이 되죠.

둘째, 확정 수익이라는 큰 장점이 있어요. 어쨌든 자산 배분은 투자에 속하니까 어떤 해는 떨어질 수도 오를 수도 있는데, 청년미래적금은 정부에서 지원하는 높은 금리의 수익이에요. 시장 상황과 관계없이 확정적으로 높은 수익률을 받을 수 있다는 건 상당한 매력이죠.

다만, 청년미래적금은 3년이라는 만기가 있다는 점을 유념해야 해요. 확정 수익이라도 어쨌든 3년을 채워야 받을 수 있어요. 또한 빨리 투자를 시작해야 경제에 관심이 생기고, 적은 금액이라도 투자로 돈을 굴려봐야 나중에 큰 금액도 굴릴 수 있어요.

각자의 장점이 뚜렷하니 투자 경험을 쌓고 싶다면 ETF 비중을 높이고, 안정성을 중시한다면 청년미래적금 비중을 높이는 식으로 결정해 보세요.

김자산 씨는 이제 완벽한 돈 관리 시스템을 갖췄습니다. 위험한 상황에 대비하는 안전망도 있고, 돈을 늘리기 위한 투자 계획도 있고, 정부에서 주는 혜택도 모두 활용하고 있어요. 이 시스템이 자리 잡으면 몇 년 후에는 지금과는 완전히 다른 재정 상황을 경험하게 될 거예요.

PART 3

지속 가능한
부의 성장을 위한
핵심 전략

CHAPTER 1

잘못된 선택으로
놓칠 수 있는 기회 비용

투자 수익률보다
몸값 올리는 게 더 빠르다

"대박을 꿈꾸며 매일 밤 차트를 보고 있다면,
정작 가장 확실한 투자를 놓치고 있는 것일지도 모릅니다."

재테크에 관심이 생긴 사회초년생들이 가장 먼저 빠지는 함정이 있어요. 바로 '높은 투자 수익률에 대한 환상'이에요. 유튜브나 SNS에서 "20대에 1억 원 모으기" "연 50% 수익률 달성법" 같은 자극적인 콘텐츠를 보다 보면, 마치 투자만 잘하면 단기간에 목돈을 만들 수 있을 것 같은 착각에 빠지게 돼요.

하지만 냉정한 현실을 직시해야 해요. 워런 버핏의 연평균 수익률이 약 20%라는 사실을 아시나요? 세계 최고의 투자자도 장기간에 걸쳐 이룬 성과가 연 20% 수준인데, 투자 경험이 부족한 사회초년생이 이보다 훨씬 높은 수익률을 안정적으로 달성하기를 기대하는 것은 현실적이지 않아요.

원금의 한계와 수익률의 현실

사회초년생이 투자할 수 있는 자금이 500만 원이라고 가정해 볼게요. 만약 정말 뛰어난 투자 실력을 발휘해서 연 30%의 수익률을 달성했다면, 1년 후 수익은 150만 원입니다. 물론 대단한 성과이지만, 이를 위해서는 상당한 위험을 감수해야 하고, 많은 시간과 노력을 투입해야 해요.

반면 같은 기간 동안 자기계발에 집중해서 직무 역량을 높이고 연봉을 10% 올렸다고 해봅시다. 연봉 3,000만 원 기준으로 300만 원의 소득 증가 효과가 발생합니다. 투자 수익의 2배에 해당하는 금액이죠. 더 중요한 건 이런 소득 증가는 일회성이 아니라는 점이에요. 한 번 올라간 연봉은 이후 매해 지속적으로 영향을 미치거든요.

이는 단순한 숫자 비교가 아니에요. 투자는 원금이 적을 때는 아무리 높은 수익률을 달성해도 절대적인 금액의 한계가 있지만, 인적자본에 대한 투자는 시간이 지날수록 그 효과가 복리로 증가해요. 오늘 배운 새로운 기술이 내일의 업무 효율성을 높이고, 그것이 더 큰 기회로 이어지며, 결국 경력 전반에 걸쳐 지속적인 소득 증가를 가져다줍니다.

시간이라는 한정된 자원의 배분

젊은 시절의 시간은 그 무엇과도 바꿀 수 없는 소중한 자원이에요. 하루 24시간이라는 제약 속에서 직장 생활을 하며 개인 시간을 관리해야 하는 사회초년생에게는 시간 배분이 곧 미래를 결정하는 핵심 요소가 됩니다.

투자로 높은 수익률을 내기 위해서는 정말 많은 공부를 해야 해요. 개별 기업 분석을 위한 재무제표 읽기, 산업 동향과 거시경제 흐름 파악하기, 실시간 주가 모니터링 및 매매 타이밍 포착하기, 각종 투자 정보 수집 및 분석하기 등 챙겨야 할 게 많아요. 이런 활동들에 매일 2~3시간씩 투자한다면, 한 달에 60~90시간, 1년에 720~1,080시간을 투자 공부에 쓰는 셈이에요.

같은 시간을 자기계발에 투자한다면 어떨까요? 새로운 프로그래밍 언어를 마스터하거나, 외국어 실력을 크게 향상하거나, 업무에 필요한 전문 자격증을 취득하거나, 네트워킹을 통해 인맥을 넓힐 수 있어요. 이런 투자는 단기간에 가시적인 성과가 나타나지 않을 수 있지만, 장기적으로는 훨씬 안정적이고 지속적인 수익을 가져다줘요.

스마트한 투자와 자기계발의 조화

여기서 오해하지 말아야 할 점이 있어요. 투자를 아예 하지 말라는 게 아니에요. 다만 투자 방식을 현명하게 선택하라는 거예요. 좀 더 자세히 설명해 볼게요. 앞서 소개한 '자산 배분을 통한 투자'는 계속 실천해야 해요. 다만 투자 방식을 바꾸는 거예요. 복잡한 종목 분석이나 시장 타이밍에 의존하는 투자 대신, 시스템화되고 자동화된 투자를 선택하는 거죠.

매월 정해진 날짜에 정해진 금액으로 분산투자 ETF를 매수하고, 연 1~2회 리밸런싱만 하는 단순한 방식으로도 충분해요. 이렇게 하면 투자에 들이는 시간을 월 1~2시간으로 줄일 수 있어요.

그리고 이 과정에서 자연스럽게 경제 공부도 됩니다.

왜 그럴까요? ETF 투자를 하다 보면 자연스럽게 경제 뉴스에 관심을 가지게 돼요. '미국 금리가 오른다는데 채권 ETF에 어떤 영향이 있을까?' '인플레이션이 심해지면 금 ETF가 유리할까?' 같은 궁금증이 생기거든요. 이런 궁금증을 해결하는 과정에서 거시경제에 대한 이해가 자연스럽게 깊어져요.

또한 리밸런싱을 하면서 '왜 이번 분기에는 주식이 좋았을까?' '채권과 주식이 반대로 움직이는 이유는 뭘까?' 같은 생각을 하게 돼요. 이런 생각들이 쌓이면서 경제 원리에 대한 직관이 생기게 되죠. 매일 차트를 보며 단타 매매를 하는 것보다 훨씬 건전하고 유익한 경제 공부가 되는 거예요.

흥미로운 건 자기계발을 통해 얻은 지식이 투자에도 도움이 된다는 점이에요. 예를 들어 IT업계에서 일하면서 기술 트렌드를 깊이 이해하게 되면, 기술 관련 ETF나 섹터별 투자를 할 때 더 나은 판단을 할 수 있어요. 의료업계에 종사한다면 헬스케어 섹터의 변화를 다른 사람들보다 빨리 파악할 수 있고요.

이런 전문성을 바탕으로 한 투자는 단순한 차트 분석보다 훨씬 의미 있고 성과도 좋을 수 있어요. 결국 자기계발과 투자가 상호 보완적인 관계를 이루게 되는 거죠.

위험 관리 측면에서의 우위

투자는 본질적으로 불확실성을 동반해요. 아무리 철저히 분석하고 신중하게 접근해도 예상과 다른 결과가 나올 수 있어요. 시장은 때때로 비합리적으로 움직이고, 예측 불가능한 외부 요인들이 개별 기업이나 전체 시장에 영향을 미치기도 하거든요.

반면 자기계발을 통한 인적자본 투자는 상대적으로 위험이 낮아요. 새로운 기술을 배우거나 전문성을 기르는 과정에서 실패할 위험은 거의 없어요. 설령 당장 활용할 기회가 없더라도, 배운 지식과 기술은 언젠가 도움이 되는 경우가 많습니다. 더 중요한 건 이런 투자에는 '원금 손실'이라는 개념이 없다는 점이에요.

게다가 경제가 불안할수록 전문성 있는 인재의 가치는 더 높아져요. 투자자산은 경기 침체기에 가치가 떨어질 수 있지만, 뛰어난 역량을 가진 사람은 오히려 더 귀해지거든요.

젊은 시절의 시간은 그 무엇과도 바꿀 수 없는 소중한 자원이에요. 이 시간을 현명하게 투자하는 것이 장기적으로 가장 큰 수익을 가져다줄 거예요. 스마트한 투자 시스템으로 시간을 확보하고, 그 시간을 자기계발에 투자하세요. 그 과정에서 자연스럽게 경제에 대한 이해도 깊어지고, 더 나은 투자 판단력도 생기게 될 거예요.

✦ **SUMMARY**

- 사회초년생에게는 투자 수익률보다 노동 소득 증대가 더 효과적이에요.
- 적은 투자 원금으로는 아무리 높은 수익률을 내도 절대적인 금액이 적어요.
- 체계적인 돈 관리 시스템으로 시간을 절약하고, 그 시간을 자기계발에 투자하세요.

의지력에 의존하지 말고
시스템을 만들어라

"돈 관리에서 가장 어려운 부분은 복잡한 계산이 아니라
꾸준히 지속하는 것입니다."

훌륭한 재무 계획도 실행하지 않으면 의미가 없어요. 많은 사람이 간과하는 사실은 '완벽한 계획'보다 '지속 가능한 계획'이 훨씬 중요하다는 점이에요.

사람의 의지력은 생각보다 약해요. 새해 결심이 작심삼일로 끝나는 이유도 여기에 있어요. '이번 달부터 꼭 저축하자!'라고 다짐해도, 며칠 후 유혹적인 소비 기회가 생기면 '오늘만 예외'라며 카드를 긁어버리죠. 이런 패턴이 반복되면서 결국 재무 관리 자체

를 포기하게 돼요.

성공적인 재무 관리의 비밀은 의지력에 의존하지 않는 거예요. 대신 한 번 설정하면 자동으로 작동하는 시스템을 구축해야 해요. 이 책에서 소개한 방법처럼요. 월급이 들어오면 자동이체로 각 통장에 배분되고, 정해진 용도에 맞게 돈이 사용되며, 별도의 의사결정이나 노력 없이도 자연스럽게 돈이 모이는 구조를 만드는 거죠.

완벽함보다 지속 가능성

완벽주의는 돈 관리 실패 원인 중 하나예요. "저축률 50%를 어떤 일이 있어도 반드시 지켜야 해!"라거나 "매일 가계부를 써야 해!"라는 식의 완벽주의적 접근은 오히려 실패 확률을 높여요. 딱 한 번 목표를 달성하지 못했을 뿐인데, '어차피 실패했으니'라며 아예 포기해 버리는 일이 생기거든요.

더 현실적이고 지속 가능한 접근법은 유연성을 가지는 거예요. 목표 저축률이 50%라면 40%만 달성해도 좋은 것으로 여기고,

예상치 못한 지출로 계획에서 벗어나더라도 '그럴 수 있지'라고 받아들이고 원인을 파악하려는 마음가짐이 중요해요. 이런 유연한 태도가 오히려 장기적으로 더 좋은 결과를 가져다줘요.

실제로 목표의 80% 정도를 5년간 지속하는 것이 100%의 계획을 1년간 실행하는 것보다 훨씬 큰 성과를 내요. 간혹 실수하거나 계획에서 벗어나는 일이 있어도 크게 자책하지 말고, 다시 궤도에 올라서는 것에 집중하세요.

자동화 시스템들이 만드는 선순환

지금까지 이 책에서 소개한 여러 기법에는 공통점이 하나 있습니다. 바로 '자동화'예요. 한 번 설정해 두면 별도의 관리나 의사결정 없이도 지속적으로 작동하는 시스템들입니다. 이 관점에서 지금까지 살펴본 내용을 종합해 볼게요.

① 통장 쪼개기의 자동화 효과

가장 핵심이 되는 통장 쪼개기는 돈의 흐름을 완전히 자동화해요.

월급이 들어오면 각 통장에 정해진 비율대로 자동이체되고, 각 통장은 명확한 용도를 가지고 있어 혼란이 없어요. 매달 '이번 달엔 얼마나 저축할까?' '생활비는 얼마로 할까?' 같은 고민을 할 필요가 없죠. 시스템이 알아서 처리해 주니까요.

이 자동화는 단순히 편의성만 제공하는 게 아니에요. '선 저축, 후 소비'라는 가장 중요한 재무 원칙을 자연스럽게 실현하거든요. 일반적으로 사람들은 한 달 생활하고 남는 돈이 있으면 저축하려고 하는데, 이렇게 하면 거의 남지 않아요. 하지만 통장 쪼개기는 저축을 먼저 하고 남은 돈으로 생활하게 만들어서 확실한 자산 형성이 가능해요.

② 비상금 관리의 자동화 효과

비상금을 별도 통장에서 관리하는 것도 중요한 자동화 시스템이에요. 비상금이 다른 돈과 섞여 있으면 '이 정도는 써도 되겠지'라는 유혹에 빠지기 쉬워요. 하지만 독립된 통장에 있으면 심리적 장벽이 생겨서 정말 필요할 때만 사용하게 돼요.

비상금 통장의 목표액이 달성되면, 그 이후 들어오는 돈은 투자에 사용하면 됩니다. 별다른 고민 없이, 내가 정한 목표 금액이 채워지면 이후 투자는 자산 배분으로 자연스럽게 연결돼요.

③ 자산 배분의 자동화 효과

매월 정해진 날짜에 정해진 배분 비율에 맞춰 각 자산군의 ETF를 매수하면, 시장 타이밍과 종목 선택에 대해 고민할 필요 없이 꾸준히 분산투자를 실행할 수 있어요.

시스템이 주는 진짜 자유

자동화 시스템이 완성되면 진짜 자유를 얻게 됩니다. 돈 관리에 쏟아야 하는 시간과 에너지가 대폭 줄어들면서, 그 자원을 다른 더 중요한 일에 투자할 수 있어요.

① 정신적 자유

'돈 관리 제대로 하고 있나?' '이번 달 얼마나 써야 하지?' '투자는 언제 해야 할까?' 같은 끊임없는 고민에서 벗어날 수 있어요. 시스템이 알아서 처리해 주니까 안심하고 다른 일에 집중할 수 있는 거죠. 특히 투자와 관련된 스트레스가 크게 줄어듭니다. 매일 주가를 확인하거나 투자 타이밍을 고민할 필요가 없으니까 일상생활이 훨씬 평온해져요. 장기적 관점을 유지하기도 쉬워지니 단기 변동에도 휘둘리지 않게 됩니다.

② 시간적 자유

돈 관리에 들이던 시간을 자기계발이나 인간관계, 취미 활동에 투자할 수 있어요. 자동화 시스템이 완성되면 매일 가계부를 쓰고, 투자 정보를 수집하고, 지출을 분석하던 시간이 한 달에 1~2시간으로 줄어듭니다. 이 시간을 새로운 기술 습득이나 부업, 네트워킹에 활용하면 장기적으로 훨씬 큰 수익을 얻을 수 있어요. 앞서 이야기했듯이 인적자본에 대한 투자가 금융자본 투자보다 더 확실하고 지속적인 효과를 가져다주니까요.

③ 선택의 자유

자동화 시스템을 완성해야 하는 중요한 이유는 무엇보다 선택의 자유를 얻을 수 있기 때문이에요. 안정적인 재무 기반이 있으면 인생의 중요한 순간에 돈 때문에 타협하지 않을 수 있어요. 정말 하고 싶은 일이 생겼을 때, 더 좋은 기회가 왔을 때, 위기 상황이 발생했을 때 보다 많은 선택지가 생겨요. 이런 자유는 단순히 돈이 많아서 생기는 게 아니에요. 체계적이고 지속 가능한 시스템을 통해 안정적인 현금흐름과 위험 관리가 이뤄지기 때문에 가능한 거예요.

시스템의 점검과 진화

물론 한 번 만든 시스템이 영원히 완벽할 수는 없습니다. 소득이 변하거나 생활 환경이 바뀌면 그에 맞춰 조정이 필요해요. 하지만 이런 조정도 간편하게 할 수 있습니다. 승진이나 이직으로 소득이 변했다면 각 통장의 자동이체 금액을 조정하고, 이사나 결혼 같은 생활 변화가 있다면 고정비 구성을 재검토하는 거예요.

이 과정에서 자연스럽게 경제 상황과 개인 재무 상태를 종합적으로 살펴보게 돼요. '올해 인플레이션율이 높았는데 내 포트폴리오는 어떻게 대응했을까?' '금리 변화가 내 대출에 어떤 영향을 미쳤을까?' 같은 생각을 하면서 거시경제와 개인 재무의 연결고리를 이해하게 되거든요.

중요한 건 시스템 자체를 버리는 게 아니라 상황에 맞게 업데이트하는 거예요. 기본 원리와 구조는 유지하면서 세부 사항만 조정하면 되거든요. 이렇게 하면 변화하는 상황에도 흔들리지 않는 안정적인 돈 관리가 가능해요.

지금까지 이 책을 통해 배운 모든 기법은 결국 하나의 목표를 향해 있습니다. 바로 '돈에 대한 걱정 없이 자신의 진짜 꿈을 추구할 수 있는 자유'를 얻는 거죠. 이 자유는 하루아침에 오지 않지만, 올바른 시스템과 꾸준한 실천을 통해 누구나 달성할 수 있어요.

3년 후, 5년 후의 여러분은 지금의 선택에 감사할 거예요. 지금 시작하는 작은 습관들이 모여서 큰 변화를 만들어 낼 거니까요. 완벽할 필요는 없습니다. 꾸준히 지속하는 것이 가장 중요해요. 그리고 이 과정에서 자연스럽게 경제에 대한 이해가 깊어지고, 더 나은 판단력도 생기게 될 거예요. 매일 차트만 보는 것보다 훨씬 의미 있고 지속 가능한 경제 공부가 될 겁니다. 여러분의 성공적인 재무 관리와 지속적인 성장을 진심으로 응원할게요.

월급쟁이지만 부자처럼 관리합니다

초판 1쇄 발행 2025년 12월 15일

지은이 전하정
브랜드 경이로움
출판 총괄 안대현
책임편집 심보경
편집 김효주, 정은솔, 이수빈, 이제호
마케팅 김윤성
표지디자인 정윤경
본문디자인 윤지은

발행인 김의현
발행처 (주)사이다경제
출판등록 제2021-000224호(2021년 7월 8일)
주소 서울특별시 강남구 테헤란로33길 13-3, 7층(역삼동)
홈페이지 cidermics.com
이메일 gyeongiloumbooks@gmail.com(출간 문의)
전화 02-2088-1804 **팩스** 02-2088-5813
종이 다올페이퍼 **인쇄** 재영피앤비
ISBN 979-11-94508-65-6 (03320)

- 책값은 뒤표지에 있습니다.
- 잘못된 책이나 파손된 책은 구입하신 서점에서 교환해 드립니다.
- 이 책은 저작권법에 의하여 보호를 받는 저작물이므로 무단 전재와 복제를 금합니다.